现代酒店运营管理研究

陈　靖　孙庆春　杨蕊肇◎著

吉林文史出版社

图书在版编目（CIP）数据

现代酒店运营管理研究 / 陈靖, 孙庆春, 杨蕊肇著
. -- 长春 : 吉林文史出版社, 2021.10
　ISBN 978-7-5472-8160-4

　Ⅰ. ①现… Ⅱ. ①陈… ②孙… ③杨… Ⅲ. ①饭店 –
运营管理 – 研究 Ⅳ. ①F719.2

中国版本图书馆CIP数据核字(2021)第203646号

XIANDAI JIUDIAN YUNYING GUANLI YANJIU

书　　名	现代酒店运营管理研究	
作　　者	陈　靖　　孙庆春　　杨蕊肇	
责任编辑	王丽媛	
封面设计	白白古拉其	
出版发行	吉林文史出版社有限责任公司	
地　　址	长春市福祉大路5788号	
网　　址	www.jlws.com.cn	
印　　刷	北京四海锦诚印刷技术有限公司	
开　　本	185mm×260mm　　16开	
印　　张	10.75	
字　　数	254千	
版　　次	2023年6月第1版　2023年6月第1次印刷	
定　　价	52.00元	
书　　号	ISBN 978-7-5472-8160-4	

前　言

　　伴随着改革开放，我国酒店行业获得了巨大的发展，国际化、品牌化、专业化水平不断提高。酒店行业的蓬勃发展提高了酒店管理的要求，国内众多高等院校纷纷设置了酒店管理专业，或在旅游管理专业基础上开设酒店管理方向课程，增强了酒店管理的专业性。基于此，作者结合自己多年的一线教学经验和科研成果撰写了《现代酒店运营管理研究》一书，希望本书的出版能够激发学习者浓厚的学习兴趣与学习热情，为我国酒店运营管理事业贡献一份力量。

　　本书共 7 章，主要内容包括：酒店管理理论基础、酒店组织管理、酒店人力资源管理、酒店经营管理、酒店服务质量管理、酒店企业文化管理、酒店创新管理研究。本书具有以下特点：

　　（1）内容全面，体系清楚。本书涉及酒店运营管理工作的主要方面，按总—分的逻辑顺序展开，并加入了酒店创新管理等前沿性内容。

　　（2）深入浅出，通俗易懂。本书借鉴市场上酒店管理相关书籍的优点，既突出了重要的知识点，又可帮助读者掌握要点并拓宽思路。本书不仅可作为本科酒店管理专业用书，还可作为酒店管理专业一线教育工作者和科研人员的参考用书，也适合酒店在职人员在职充电，丰富理论知识。

　　本书在撰写过程中参考了大量的国内外文献资料，在此一并致谢相关专家学者。

　　由于撰写水平有限，本书不当或错误之处在所难免，敬请专家学者和广大读者批评指正。

作　者

2021 年 6 月

目　录

第一章 酒店管理理论基础

本章首先介绍了酒店管理的理论基础，然后对酒店管理的基本职能做了详细分析。在此基础上对酒店管理的思想与方法进行了讨论，最后介绍了酒店管理者的素质。

第一节 酒店管理的基础理论

一、古典管理理论

（一）泰罗的科学管理理论

20 世纪初，在西方工业国家影响最大、推广最普遍的"科学管理"包括了一系列关于生产组织合理化和生产作业标准化的科学方法及理论依据，因其最初由美国机械工程师泰罗首先提出并极力推广，因此也被称为"泰罗制"。19 世纪末 20 世纪初，机器和机器体系在工业生产中的广泛运用，一方面使企业的生产规模越来越大，复杂程度不断提高；另一方面也使生产技术越来越多地掌握在工人手中，资本家无法完全控制工人的作业方法和作业时间。因此，凭经验和判断来进行的传统管理方式不再适应机器化大生产的要求，企业管理逐渐要求从传统的经验管理走向科学管理。

1. 泰罗

弗雷德里克·温斯洛·泰罗（Frederick Winslow Taylor，1856—1915），又译作弗雷德里克·温斯洛·泰勒，美国古典管理学家，1856 年出生于美国费城，1878 年开始在米德瓦尔钢铁公司工作。由于他工作刻苦，表现突出，从一名普通工人先后被提升为工长、机修车间主任、总机械师、总工程师。在此期间，泰罗推行了一套科学的管理方法，这些早年实践及其后来的进一步研究被人们称之为"泰罗制"，在其 1911 年出版的《科学管理原理》一书中得到了很好的阐释。

2. 泰罗制及其具体内容

泰罗认为，实施科学管理的核心问题是要求管理人员和工人双方在精神上和思想上进行彻底变革，双方都把注意力从盈利的分配转到增加盈利数量上来。因此，科学管理的根本目的应是谋求最高工作效率，这是工厂主和工人共同达到富裕的基础。而要达到最高工作效率的关键是用科学的管理方法代替旧的经验管理。

据此，泰罗提出了以下4方面管理制度：

（1）改进操作方法，合理利用工时，提高工效。其具体做法是把生产过程中每个环节的每项操作分解成许多动作，继而把动作细分为动作要素，根据每项动作要素的必要性和合理性对其加以删除、改进或组合，以形成标准的作业方法。在此基础上进一步为标准作业方法规定标准作业时间，确定工人的劳动定额。另外，为使工人能够以标准方法进行操作，完成较高的劳动定额，还必须根据作业方法的要求，使工人的作业环境以及工具、设备、材料等作业条件标准化。

（2）根据工作要求，对工人进行科学的挑选和培训。泰罗认为，要提高工人的劳动生产率，首先要根据不同工人的不同特长来分配工作，然后根据标准的作业方法集中培训工人，既可以保证受训者掌握的是科学的操作方法，也可以提高培训的速度和效率。

（3）改进分配方法，实行差别计件工资制。要刺激工人提供更多的产量，工资标准应该随着产量的增加而提高。对完成和超额完成工作定额的工人以较高的工资率支付工资，而对完不成定额的工人按较低的工资率支付工资。

（4）改进生产组织，加强企业管理。泰罗主张在企业中设立专职的计划部门，把计划职能和执行职能分开。由计划部门负责收集和整理工人的操作经验，进行作业研究和时间研究，确定工时定额依据，并在此基础上制定作业方法、时间定额和工资标准。这一做法为管理理论系统的形成奠定了基础。

3. 泰罗制的优缺点

泰罗的科学管理理论将科学引进了管理领域，促进了生产效率的提高，适应了资本主义经济在这个时期的发展需要。但是泰罗制把工人看成会说话的机器、纯粹的"经济人"，使其成为资本家最大限度地压榨工人的手段。另外，泰罗的管理理论研究范围较窄，主要针对作业方法或现场监督，而对企业的人事、财力等其他活动基本上没有涉及。

（二）法约尔的一般管理理论

1. 法约尔

亨利·法约尔（Henri Fayol，1841—1925），法国科学管理专家，管理学先驱之一，实业家，1841年出生于土耳其伊斯坦布尔。他长时间在法国的一家大型煤矿公司担任高层领导职务，积累了丰富的大企业管理经验，侧重于从中高层管理者的角度去剖析管理问题。1916 年出版的《工业管理与一般管理》是其毕生管理经验与管理思想的总结，除了可应用于工商业之外，还适用于政府、教会、慈善团体、军事组织以及其他各种事业。

2. 一般管理理论的内容

法约尔认为经营和管理是两个不同的概念，管理只是经营的一部分，本身由计划、组织、指挥、协调、控制等一系列职能构成。除了管理，经营还包括技术活动、商业活动、财务活动、安全活动以及会计活动 5 方面。经营的这 6 方面的活动以不同方式，不同程度地存在于任何组织的任何层次中，因此组织中不同层次的工作人员都应根据任务的特点拥有相应的知识和能力。法约尔指出，要适应企业经营的需要，必须加强管理教育，"尽快建立一种管理理论"，建立"一种得到公认的理论：包括为普遍的经验所验证过的一套原则、规则、方法和程序"。法约尔根据自己的经验总结了 14 条管理原则：

（1）劳动分工。通过劳动专业化分工提高雇员的工作效率，提高劳动生产率。

（2）权力与责任。权力是指挥和要求别人服从的力量，出色的管理者要用个人权力来补充制度权力。为保证权力的正确使用，必须"规定责任的范围，然后制定奖惩的标准"，实现责权对等。

（3）纪律。纪律的实质"是对协定的尊重"，任何组织活动的有效进行，都必须有统一的纪律来规范人们的行为，使管理者和员工都对组织规章有明确的理解并进行公平的奖惩。

（4）统一指挥。它是一条基本的管理原则，是指"一个下属人员只应接受一个领导人的命令"，如果这条原则被打破，"权力将受到损害，纪律将受到危害，秩序将被扰乱，稳定将受到威胁"。

（5）统一领导。对于达到同一目标的全部活动，只能有一个领导人和一项计划，这是统一行动，协调组织中一切努力和力量的必要条件。法约尔指出，统一领导和统一指挥的区别在于："人们通过建立完善的组织来实现一个社会的统一领导；而统一指挥则取决于人员如何发挥作用。统一指挥不能没有统一的领导而存在，但并不来源于它。"

（6）个人利益服从整体利益。任何员工个人或集体的利益，不能超越组织的整体利益。

（7）报酬。法约尔认为，报酬是人们"服务的价格应该合理，并尽量使企业和所属人员满意"，报酬方式可以对企业的生产发展产生重大影响。合理的报酬方式必须符合 3个条件：①能保证报酬公平；②能奖励有益的努力和激发热情；③不应导致超过合理限度的过多报酬。

（8）集权。作为管理的两种制度，管理权力集中与分散本身无所谓好坏，应不同程度地同时存在，"问题在于找到适合企业的最适度"。法约尔指出，影响权力集中程度的因素主要有：组织规模、领导者与被领导者的个人能力和工作经验、环境的特点等。

（9）等级链。等级制度是指组织的最高权力机构直至最低管理人员的领导系列，它是组织内部命令传递和信息反馈的正常渠道。法约尔认为应把尊重等级制度与保持行动迅速结合起来，为此他设计了一种"联系板"的方法，以便使组织中不同等级线路中相同层次的人员能在有关上级同意的情况下直接联系。

（10）秩序。包括"物的秩序"和"人的秩序"，不仅要求物归其位，也要求根据工作要求和人的特点来分配工作。

（11）公平。公平是由善意与公道产生的，为了鼓励下属忠实地执行职责，管理者应友善和公正地对待下属。

（12）人员的稳定。人员的稳定对于工作的正常进行，活动效率的提高是非常重要的，应制订规范的人事计划，保证组织所需人员的供应。

（13）首创精神。首创精神是指人们在工作中的主动性和创造性，对企业是一股巨大的力量，因此应鼓励和发展员工的这种精神。

（14）人员的团结。全体人员的和谐和团结是企业发展的巨大力量，强调团结协作可以促进组织内部的和谐统一。

法约尔提出的许多概念、术语和原理为管理理论研究构建了基本的框架体系，在现代管理学中被普遍继承和运用。孔茨甚至认为法约尔是"现代管理理论的真正创始人"。

二、行为科学理论

（一）人际关系论

1. 梅奥

乔治·埃尔顿·梅奥（George Elton Mayo，1880—1949），行为科学的奠基人，美国管理学家，原籍澳大利亚，早期的行为科学–人际关系学说的创始人，美国艺术与科学院院士。埃尔顿·梅奥在美国宾夕法尼亚大学沃顿管理学院任教期间曾从心理学角度解释产业工人的行为，这为他后来将组织归纳为社会系统奠定了一定的理论基础。1927年冬，梅奥应邀参加了开始于1924年但中途遇到困难的霍桑实验。

2. 人际关系论的主要内容

行为科学的发展始自人际关系论。1924—1932年，梅奥等人在美国芝加哥郊外的西方电气公司的霍桑工厂进行了引起管理学界重视的"霍桑实验"。霍桑实验结束后，梅奥等人对实验结果进行了总结，构建了人际关系论。该理论的主要观点如下：

（1）企业职工是"社会人"，而非"经济人"。霍桑实验表明，物质条件的改变不是劳动生产率提高或降低的决定性原因，甚至计件制的刺激工资对于产量的影响也不及生产集体所形成的一种自然力量大。因此梅奥等人创立了"社会人"的假说，即认为企业的员工并非单纯追求金钱收入，他们还有社会、心理方面的需求，追求人与人之间的友情、安全感、归属感和被尊重感等。

（2）企业中存在着一种"非正式组织"。企业员工在共同工作、共同生产中，必然会产生相互之间的人群关系，加深相互了解，产生共同的感情，自然形成一种行为准则或惯例，逐渐发展成一种相对稳定的"非正式组织"。"非正式组织"必然存在，与正式组织相互依存，而且通过影响工人的工作态度来影响企业的生产效率和目标的达成。

（3）新的领导力在于提高职工满足程度的能力。梅奥等人根据霍桑实验得出结论，生产效率的高低主要取决于工人的士气，而"士气"的高低取决于安全感、归属感等社会、心理方面的需要的满足程度，家庭、社会生活的影响以及企业中人与人之间的关系。因此，新型的领导方法要求管理者转变管理观念，重视"人的因素"，认真分析职工的需求特点，不仅要解决工人生产技术或物质生活方面的问题，还要掌握他们的心理状况，了解他们的思想情绪，以采取措施提高士气，促进协作，达到提高生产效率的目的。

人群关系理论是"行为科学"学派的早期管理思想，只强调要重视人的行为。自此以后，诸多管理学家、社会学家、心理学家从行为的特点、行为的环境、行为的过程以及行为的原因等多种角度展开了对人的行为的研究，使行为科学成为现代人本管理理论的一个重要流派。

（二）需求层次理论

1. 马斯洛

亚伯拉罕·马斯洛（A. H. Maslow，1908—1970），美国社会心理学家，人格理论家，人本主义心理学的主要发起者，于1908年4月出生于美国纽约的一个犹太家庭，是一个智商高达194的天才。马斯洛对人的动机持整体的看法，他的动机理论被称为"需求层次论"。

2. 需求层次理论的主要内容

马斯洛于1943年提出的"需求层次理论"有两个基本点：一是人的需要取决于他已经得到了什么，尚缺少什么，只有尚未满足的需要才能够影响行为；二是人的需要都有轻重层次，某一层需要得到满足后，另一个需要才会出现。马斯洛认为大多数人的需要可以分为以下 5 类：①生理的需要。这是人类最原始的基本需要，包括基本的生活要求，如衣、食、住、行等。②安全的需要。这是继生理需要得到满足后产生的高一层需要，分为两类：一是现在安全的需要，即要求自己现在的社会生活的各方面的安全均能有所保证，如就业安全、生产过程中的劳动安全、社会生活中的人身安全等；二是对未来的安全的需要，即希望未来的生活能有所保障，如病、老、伤、残后的生活保障等。③社交的需要。社交的需要包括人与人之间的友谊、忠诚、爱情、归属感等各方面的需要。人们的生活和工作是在一定的社会环境中进行的，希望在社会生活中受到别人的注意、接纳、关心、友爱和同情，从属于一个小群体。社交的需要比生理和安全的需要更细致，需要的程度也因每个人的性格、经历、受教育程度不同而有所差异。④尊重的需要。尊重包括自尊和受人尊重。自尊是指在自己取得成功时的自豪感；受别人尊重是指当自己做出贡献时能得到他们的上司和同事等的较好的评价和赞扬，一定的社会地位、名望、个人能力及成就得到社会认可。⑤自我实现的需要。这是最高层次的需要，即希望在工作上有所成就，在事业上有所建树，实现个人理想抱负。自我实现的需要通常表现在胜任感和成就感两方面，马斯洛认为这种需要就是"人希望越变越完美的欲望，人要实现他所能实现的一切欲望"。

马斯洛的需求层次理论发表后，在实际工作中得到了广泛应用，但它并没有注意到工作和工作环境的关系，而且只说明了需要与激励之间的一般关系，没有考虑到不同的人对相同的需要的反映方式往往是不同的。

（三）双因素理论

1. 弗雷德里克·赫茨伯格

弗雷德里克·赫茨伯格（Frederick Herzberg，1923—2000），美国心理学家、管理理论家、行为科学家，双因素理论的创始人。赫茨伯格曾获得纽约市立学院的学士学位和匹兹堡大学的博士学位，以后在美国和其他 30 多个国家从事管理教育和管理咨询工作，是犹他大学的特级管理教授，曾任美国凯斯大学心理系主任。

2. 双因素理论内容

双因素理论是一种激励模式理论，由美国心理学家弗雷德里克·赫茨伯格在广泛调查的基础上，于 1959 年出版的《工作与激励》一书中正式提出。赫茨伯格认为，影响人们行为的因素主要有保健因素和激励因素两类。

保健因素是指那些与人们的不满情绪有关的因素，处理得不好会引发对工作不满情绪的产生；处理得好可以预防或消除这种不满，但不起激励作用，只能起到保持人的积极性、维持工作现状的作用。保健因素主要有：企业的政策与行政管理、监督、与上级的关系、与同事的关系、与下级的关系、工资、工作安全、个人生活、工作条件、地位。

激励因素是指那些与人们的满意情绪有关的因素。与激励因素有关的工作处理得当，能够使人们产生满意情绪；如果处理不当，其不利效果只是没有满意情绪，而不会导致不满。激励因素主要包括：工作上的成就感、受到重视、提升、工作本身的性质、个人发展的可能性、责任。

从上述两类因素可以看出，激励因素是以工作为中心的，保健因素则与工作的外部环境有关，属于保证工作完成的基本条件。这一理论的启示是：要调动和维持员工的积极性，首先要做好与保健因素相关的工作，防止不满情绪的产生，但更重要的是要利用激励因素去激发员工的工作热情。赫茨伯格的双因素理论对需要层次论做了补充，划分了激励因素和保健因素的界限，分析出各种激励因素主要来自工作本身，这就为激励工作指明了方向。

（四）X-Y 理论

1. 道格拉斯·麦格雷戈

道格拉斯·麦格雷戈（Douglas M·Mc Gregor，1906—1964）美国著名的行为科学家，人性假设理论创始人，管理理论的奠基人之一，X-Y 理论管理大师。道格拉斯·麦格雷戈是人际关系学派最具有影响力的思想家之一。他的学生评价他说："麦格雷戈有一种天赋，他能理解那些真正打动实际工作者的东西。"

2. X-Y 理论内容

美国社会心理学家、麻省理工学院教授道格拉斯·麦格雷戈于 1957 年提出了"X-Y"理论，并在 1960 年发表的《企业的人的方面》一文中对两种理论进行了比较。

麦格雷戈所指的 X 理论对人的本性的假设是：一般人都有好逸恶劳、尽可能逃避工作的特性。因此，对大多数人来说，仅用奖赏的办法不足以战胜其厌恶工作的倾向，必须以强制、监督、指挥并惩罚进行威胁；一般人都胸无大志，愿意接受别人的指挥或领导，而不愿主动承担责任；人生来就以自我为中心，对组织的要求和目标漠不关心；人是缺乏理性的，一般不能控制自己，易受外界或他人的影响。

与 X 理论相反的 Y 理论是较为传统的 X 理论的合理替换物。Y 理论对人的本性的假设是：人并不是生来就懒惰，他们对工作的喜欢和憎恶取决于这工作对他是一种满足还是一种惩罚；正常情况下，一般人不但会接受责任，而且会追求责任。逃避责任，缺乏雄心壮志以及强调安全感是经验造成的，而非源于人的本性；人们都热衷于发挥自己的才能和创造性。

对比 X 理论和 Y 理论可以发现，其差别在于对工人的需要看法不同，因此采用的管理方法也不相同。按 X 理论来看待工人的需要，进行管理就要采取严格的控制、强制方式；而按 Y 理论看待工人的需要，管理者就要创造一个能多方面满足工人需要的环境，使人们的智慧、能力得以充分的发挥，以更好地实现组织和个人的目标。

三、当代管理理论

（一）权变管理理论

权变管理理论产生于 20 世纪 70 年代的美国。当时西方各国社会动荡，发生持续的经济危机，面对复杂、剧变的社会经济环境，企业迫切需要一种新的管理理论来做指导，以提高自身竞争力，权变管理理论在这种历史背景下应运而生。它强调在管理中要根据组织所处的内外条件随机应变，针对不同情况寻求不同的、最适合的管理模式、方案或方法，反对千篇一律的通用管理模式。

权变管理理论的核心内容认为在环境变量与管理变量之间存在一种函数关系，把环境对管理的作用具体化。其中环境变量分外部环境变量和内部环境变量。外部环境变量既包括由社会的、经济的、政治的、法律的和技术的力量组成的，对组织系统有巨大、间接影响的一般外部环境变量，也包括由供应商、顾客、竞争者组成的，对正式组织系统有直接影响的特殊环境变量。内部环境变量则是指组织系统，包括组织结构、组织决策、内部信息交流以及管理流程的控制过程等[1]。权变管理理论认为并不存在一种适用于各种情况的普遍的管理原则和方法，管理人员的任务就是研究组织外部的经营环境和内部的各种因素，理清这些因素之间的关系及其发展趋势，从而决定采用哪些适宜的管理模式和方法。

由于由各个相互联系的部分组成的系统之间和系统内部存在着相互联系、相互作用的关系，企业在不同条件下的权变管理必须系统化，且要通过大量细致的调查研究和全面深入的科学分析来把握独立的环境变量同从属的管理变量之间的关系实质。企业内外部环境的不断变化也要求权变管理应富于创新性、创造性。

（二）战略管理理论

"战略"一词来源于希腊语 Strategos，意思是将军指挥作战的艺术和科学。因此，战略原本是军事范畴的概念。近代以来，战略逐渐从军事学延伸到政治、经济、科技及社会

---

① 李伟清著：《酒店运营管理》，重庆：重庆大学出版社 2018 年版。

领域。20 世纪中期，"战略"一词被引入管理学，不同学者赋予"战略"不同的含义。亨利·明茨伯格（Henry Mintzberg）指出，人们在生产经营活动中不同的场合以不同的方式赋予组织战略不同的内涵。在此基础上，他从 5 方面对战略进行了定义，即战略是计划（Plan）、计谋（Ploy）、模式（Pattern）、定位（Position）、观念（Perspective）。

战略管理就是组织确定其使命，根据对组织外部环境和内部经营条件的分析，确定组织的经营宗旨和战略目标，为保证目标的正确落实和实现进行谋划，并依据组织内部能力将这种谋划和决策付诸实施，以及实施过程中进行控制的一个动态过程。战略管理理论的研究焦点是组织的战略决策问题，其研究从开始到现在，已形成了较为完整的理论体系，并先后形成了诸多理论学派，分别是设计学派、计划学派、定位学派、企业家学派、认知学派、学习学派、权力学派、文化学派、环境学派和结构学派。

（三）学习型组织理论

学习型组织理论是由麻省理工学院组织化学习中心的负责人彼得·圣吉（Peter M. Senge）于 1990 年出版的《第五项修炼——学习型组织的艺术与实务》一书中首先提出，之后很快风靡全球，引起企业界的热烈反响并得到普遍推崇，被誉为"朝向 21 世纪的管理圣经""21 世纪的金矿"。

学习型组织是指通过培养弥漫于整个组织的学习气氛，充分发挥员工的创造性思维能力而建立起来的一种有机的、高度柔性的、扁平的、符合人性的、能够持续发展的组织。学习型组织是具有持续创新能力、能不断创造未来的组织，能在内部建立起完善的学习机制，将成员与工作持续结合起来，使组织在个人、工作团队及整个系统 3 个层次上得到共同发展，形成"学习—持续改进—建立竞争优势"这一良性循环。

圣吉认为，企业组织持续发展的精神基础是持续学习，要使企业茁壮成长，必须建立学习型组织，以增强企业的整体能力，提高整体素质。要建立学习型组织须进行 5 项修炼，即自我超越，改善心智模式，建立共同愿景，团队学习，系统思考。通过完善学习型组织的工作氛围和企业文化，引领人们不断学习，不断进步，不断调整新观念，从而使组织更具有长盛不衰的生命力。

学习型组织更适用于团队性、项目性和创新性的工作，有利于员工的相互影响、沟通和知识共享，有利于企业的知识深化和更新，从而增强企业的竞争力及其对环境的适应能力。目前酒店客人的需求及酒店服务人员的工作能力均处于变化之中，学习型组织是酒店更好地创新服务、创造体验价值的必然选择。酒店创建学习型组织可以通过快速学习、吸收改造，超越自我，构筑自己的核心能力，应对各种激烈的市场竞争环境。

第二节　酒店管理的基本职能

一、计划职能

酒店管理的计划职能是指酒店通过对内外部环境进行周密科学的调查研究和分析预测，确定未来某一时期内酒店的发展目标，并规定实现目标的具体途径与方法的管理活动。

科学合理的计划对酒店经营管理的作用主要体现在以下四方面：

（1）确定酒店统一行动的目标。酒店的经营管理是一个长期的过程，涉及多个层面和部门，通过计划管理可以确定酒店的经营管理目标，以及各阶段酒店的整体目标和各部门的分目标，将分属于不同部门、环节和领域的酒店管理者和员工联结起来，为其工作或行动指明方向，明确责任，促进相互之间的沟通与协调，以保证酒店目标的实现。

（2）充分调配和利用酒店资源。酒店的经营活动是对一定人力、物力、财务、信息、时间等资源的加工和转换。为使酒店的目标活动以尽可能低的成本顺利进行，必须在规定的时间内提供经营活动所需的规定数量的各种资源。酒店的计划管理职能就是在时空上分解酒店经营活动，对各种资源进行优化组合和科学调配，以有效地减少各种资源的浪费，实现酒店的效益最大化。

（3）有效增强酒店应变能力。计划职能在充分调研、分析和预测酒店内外部环境变化及趋势的基础上明确酒店目标，确定实现目标的策略、路径、方法和对策，从而使酒店能在市场竞争日益激烈，顾客需求日趋多元的环境中获得更强的适应能力和应变能力。

（4）为酒店经营活动的检查与控制提供依据。由于酒店管理人员和员工的素质和能力有差异，并且酒店各部门在经营活动中所面对的环境特点可能与目标制定之时并不吻合，因此酒店目标实现过程中很可能出现有悖于酒店计划和决策的偏差，影响酒店经营目标的实现，甚至威胁酒店的生存。酒店的计划职能为酒店不同部门、不同成员在不同时期的活动情况提供了客观的标准和依据，有助于酒店对经营管理的实际情况进行检查，以及时发现可能存在的偏差并采取有效的措施进行控制。

二、组织职能

酒店管理的组织职能是指将实现酒店计划目标所须进行的各项活动和工作进行划分和

归类，正确划分酒店各部门和岗位，确定适当的职责和权力，委派适当的人员，有效配置人力、物力财务、信息等资源，及时协调各部门、各岗位、各员工之间的关系的一系列管理活动。酒店管理的组织职能可以使酒店根据客人的需求有效地组合和调配酒店设施设备、服务水平、环境气氛等各种资源，保证酒店的业务按计划有序地进行，提升酒店的接待能力。

实现酒店管理的组织职能，首先是进行组织结构设计，即根据酒店的经营目标、市场细分、等级标准、业务范围等划分横向的酒店部门和纵向的管理层次，形成有效的组织结构。其次是进行人员配备，即根据各部门的要求以及员工的特点配备相应的人员，既保证酒店经营的正常运转，也使每个员工的知识和能力得到充分发挥。此外，当酒店经营的内外部环境发生变化时，酒店还须根据其经营管理的需要对组织结构进行调整、改革和再设计，以增强酒店的适应能力，保持酒店的竞争力。

三、领导职能

酒店管理的领导职能是指酒店管理者运用组织权限，发挥领导权威，指导员工的工作，统一员工的思想和行动，协调和解决部门之间与员工之间相互合作中产生的各种矛盾和冲突，激励每个酒店员工自觉地为实现酒店目标共同努力的管理活动。酒店管理的领导职能立足于酒店发展的整体布局和发展目标，要求管理者能对面临的经营管理问题进行科学决策，善于发现人才和合理使用人才，能通过各种激励手段调动员工积极性，协调酒店内各部门的业务活动，引导酒店全体工作人员为实现酒店目标而努力，保证酒店经营活动的顺利进行[1]。

四、控制职能

酒店管理的控制职能是指酒店管理者根据计划目标和预定标准，对酒店运营的各方面进行监督检查，防止计划目标和实际结果之间出现差异，并在发现问题后及时采取纠正偏差的措施，以保证酒店经营目标顺利实现的管理活动。在酒店经营过程中，酒店内部和外部环境的不断变化，酒店员工的工作态度和工作技能的差异等均须通过酒店的控制职能进行调整和规范，以保证服务质量和工作效率，实现酒店目标计划。酒店在业务经营过程中，计划目标的完成程度、酒店的服务质量水平、员工的工作效率、计划与实际是否一致等都离不开控制职能。

---

① 　唐秀丽著：《现代酒店管理概论》，重庆大学出版社 2018 年版。

五、创新职能

酒店管理的创新职能是指酒店及其成员根据酒店内部和外部不断变化的宏、微观环境及客观情况，运用新理念、新思想不断调整酒店的组织结构、管理模式、工作方法，酒店产品及服务等，以不断适应环境变化，获得竞争优势及进一步发展的管理活动。

在酒店业市场竞争日趋激烈的环境下，酒店一方面要对管理制度、组织机构、管理模式和手段、经营理念、营销模式等进行创新，以提升酒店的管理层级和水平，增强酒店核心竞争力并获取持续竞争优势；另一方面，酒店也要进行产品与服务的创新，实现特色经营。这要求酒店要根据自身的优势确立细分的目标市场，在分析掌握市场需求的基础上，运用创新思维，不断在环境、设施、产品、服务、餐饮、文化等方面进行创新，以增强酒店的吸引力和竞争力。

第三节　酒店管理的思想与方法

一、现代酒店管理思想

现代酒店管理是在管理学基础上，综合运用多学科知识研究现代酒店管理的特点和规律的一门科学。

（一）人本思想

1. 人本思想的核心内涵

以人为本思想的核心是人。在以人为本思想的系统范畴中，人是企业最重要的资源，是企业管理的主要对象。根据人的思想和行为规律，运用各种手段充分调动和发挥人的积极性和创造性，是以人为本思想的基本内容。理解人本主义思想的核心思想，必须把握以下几个概念：人是生产要素中最活跃的因素；人类社会的一切运行都是为了人；人有思想、人的思维和行为是有规律的；人本主义思想的实质是鼓励和引导人实现预定的目标。

2. 现代酒店管理中的人本思想

现代酒店管理中的人本思想主要体现在以下六方面。

（1）酒店之所以能够存在于世，正是因为人对酒店有需求。酒店是以人为主体组成的，酒店的经营也必须依靠人的劳动才得以完成。而酒店经营的根本价值也体现在能够满足人的需求上。因此，酒店贯彻人本思想是酒店业发展之必然。

（2）人力资本是酒店最重要的资源和财富。人力资本的知识化包括教育、培训、技术推广，这是形成人力资本的关键，人力资本的高低以受教育的程度来衡量。现代社会经济增长的主要动力和决定性因素就是人力资本。酒店重视人才，包括对人才的发现、选拔、培养、招徕、保留以及对人才作用的充分发挥。

（3）酒店的首要任务是对人的科学管理。在酒店经营的过程中，人是唯一能同资本和一切生产工具结合起来的生产要素，因此酒店的管理绝不能忽视对人的管理。只有将对人员的管理放在最重要、最核心的位置，才能保证酒店运行的各个环节有人负责。而要对人进行科学的管理，首先管理者应当对人的基本特征进行深入了解。例如人的心理活动、人的生理特性、人的精神发展规律及行为规律等。只有酒店尽可能地满足员工的正当需求，才能营造出和谐友善的酒店工作氛围，进而激发员工的工作斗志。

（4）关心员工思想状况是调动员工积极性的有效方法。人的思想不断受客观存在及周围环境的影响，因而酒店必须关心员工的思想状况，了解他们的思想动向，调节员工的思想情绪，使员工保持良好的精神状态。这有助于创造出一种和谐的关系，激发员工的积极性、主动性和创造性。

（5）酒店管理目标的实现必须依靠全体员工的努力。传统管理强调组织分工，等级森严，依靠少数管理人员和技术专家发号施令，普通员工没有发言权，对本职工作没有处置权，只能被动地接受命令。全员思想则强调充分发挥全体员工的积极性、创造性，通过员工的工作热情来促进工作效率的提高。全员思想是人本管理思想的具体化，因为酒店的根本任务是通过全体员工的努力来实现酒店的生产经营目标。

（6）人本管理的基本手段是培育酒店文化。酒店文化强调酒店员工共同的信念、共同的价值观、共同的目标理想、共同的酒店作风和酒店形象等。酒店文化把人作为第一因素来加以考虑，力图通过不同的方法来改变人的观念，调动人的积极性。酒店管理者必须实现从经济人向社会人再到文化人的观念转变。

（二）人员素质管理思想

酒店管理水平的提高，关键在于各级管理人员素质的提高。提高酒店管理人员和全体员工的素质是酒店长期建设的重要组成部分。各级管理者必须树立这一理念，并在经营管理过程中予以充分重视。

酒店管理人员的素质主要体现在两方面：政治素质与业务素质。根据酒店经营管理的要求，酒店的管理人员应该具有德才兼备的素质，具有强烈的事业心和责任感。业务素质是通过管理人员的能力体现出来的，这就要求管理人员了解酒店整体与各个部门之间的关系，了解酒店外部环境的情况，如市场状况，国家对酒店的发展计划、税收、预算等政策，通过不断学习和培训，扩大自己的知识领域并提高管理水平。

（三）效益管理思想

酒店在策划设计、拓展新的服务运作模式、开发新项目时应该具有效益思想，通过效益来衡量新产品和新项目的可行与否，争取酒店的服务能做到效益与影响并举。现代酒店管理的效益包括经济效益、社会效益和环境效益三个不同的层面。

首先，在对酒店的服务管理目标进行制定时，管理者首先应当关注酒店的基本经济效益目标。因此管理者应当将整个酒店的经济效益与经营的成本进行比较，并总结出降低成本，提高服务质量的管理方法。

其次，酒店的经营不仅要注重经济效益，更要注重社会效益。酒店必须向顾客提供健康的服务，且酒店的经营理念与带给顾客的体验必须是具有积极意义的，且酒店的设计应当符合社会主流审美。只有这样，才能够满足绝大多数顾客的精神需求，并在社会中树立健康积极的企业文化形象。

最后，环境效益也是衡量现代酒店管理的重要指标。在酒店服务的管理中，降低酒店服务的能耗、物耗既是酒店节约经营管理成本的需要，又能使酒店降低服务对环境资源的占用与消耗，在功能相同的情况下减轻酒店服务对环境的压力，从而有利于资源的可持续发展，实现酒店服务的环境效益。

（四）专业化思想

随着科学技术在酒店服务中的应用和发展，现代酒店管理需要处理和传递的信息越来越多，酒店服务及管理需要的硬件也越来越现代化，能源与安全系统、计算机管理系统越来越受重视，这就需要各种各样的专业人员、技术人员。因此，酒店服务及管理的顺利运作需要酒店人员树立专业化观念，把专业技术工作让技术人员去做，充分发挥专业人员的作用和专业特长。

（五）优化思想

优化思想是管理科学的核心。这一思想认为酒店在充分利用酒店内外各种有利条件开展服务管理活动的过程中，始终具有开发潜力。因此，这一思想主张酒店管理者应综合考虑并运用技术经济分析方法进行定性和定量分析，从各种可能的方案中确定最佳方案并付诸实施，以达到最佳的经济效益。

通过优化思想，酒店的服务系统便可得到进一步的优化，且这一优化过程始终是动态的、不断发展的。因此，酒店服务系统应建立在对外部环境具有适应能力的高灵敏度信息系统和反馈控制系统的基础上，以便在决策执行过程中捕捉各种反馈信息，进行监控并及时做出相应的调整。

（六）动态组织思想

酒店系统的正常运行需要一个良好的组织结构。具体而言，酒店系统的组织结构必须与经营管理机制相协调，只有这样才能有效地发挥酒店系统的效益。随着酒店系统外部业务环境的不断变化，原先设计和构建的组织管理系统逐渐出现了无法与新的外部环境相融和的问题。所以，酒店的管理者应当时刻保持敏锐的洞察力，及时发现并调整酒店内部经营理念，进而满足外界环境变化的需求。

（七）环境作用思想

环境作用思想认为，良好的工作环境是提高员工服务生产率的重要前提。它从生理学、心理学和社会学的角度出发，全面地分析了工作环境（包括物理环境、化学环境、生态环境和社会环境）对员工生产服务的影响，并据此提出如何改善和创造良好的服务环境的建议，减少员工在服务中由于不良环境而引起的烦躁情绪和疲劳等情况。

二、酒店管理的一般方法

酒店管理的方法有很多，但常用的有以下五种基本方法。

（一）行政方法

所谓行政方法，即指酒店管理者依靠个人在企业中的权威，采用指令性的计划手段，并结合各种行政法规来对酒店的具体运行工作进行管理。通常，在使用行政方法进行管理时，要注重贯彻民主集中制的基本原则。

行政方法包括制定酒店经营管理的方针、政策、规章、制度，颁布行政命令、指示，下达指令性计划任务，等等。它的过程由酒店内各行政机构来进行。它是以权威和服从为前提，具有强制性、无偿性和直接性等特点。

行政方法在动员酒店所有员工为完成酒店的经营目的而奋斗，贯彻国家有关酒店的方针政策，坚持酒店业的发展方向，组织、指挥和监督各部门的经营活动，解决酒店发展中存在的问题等方面起着不可忽视的作用。

行政方法的优点是使酒店在总经理的领导下实行集中统一的管理，使酒店成为一个"招之即来，来之能做，做之能成"的严密组织。行政方法管理效率的好坏与管理人员的水平有密切关系。

（二）经济方法

经济方法是根据客观经济规律的要求，运用经济手段和经济组织对酒店进行经营管理。经济手段是指价格、工资、利润、利息、税收、奖金、罚款等经济杠杆，以及经济合同、经济责任等手段；经济组织是指酒店内部的组织结构和与酒店经济密切相关的外部组织，如旅行社、银行、邮电部门、旅游服务公司等。对酒店来说，客观经济规律的要求是：酒店的经济活动必须遵循社会主义基本经济规律，按照国民经济计划和比例发展，实行按价值规律等价交换原则，实行按劳分配原则。

采用经济方法管理酒店的基本内容如下。

（1）以经济效益为酒店经营管理活动的出发点，根据经济效益的高低来评定酒店经营目标、方法和措施的优劣。

（2）按照市场经济运行机制与规律，使酒店的经济活动与区域发展相协调，依据市场需求情况制定酒店的经营目标。

（3）正确处理国家利益和酒店利益、酒店利益和职工利益之间的关系，建立酒店内部的经济责任制，把经济利益和经济责任综合起来，并根据工作好坏、经济效益多少给酒店员工必要的奖罚。

将经济管理方法运用于酒店当中，通常能够展现出调节性、效益性和激励性的特征。通过运用经济方法，酒店与外部横向经济联系得到一定程度的增强，且酒店内部各个部门之间的物质利益关系也得到了协调。在这种状态下，酒店的经营运行更为顺畅，各方工作积极性得到了激发。但酒店的管理者也应当意识到，酒店中的员工并非完全意义上的"经济人"，因此员工的工作思想与工作情绪会直接影响其工作积极性和工作效率。所以，当酒店管理者在运用经济方法时，也应当同时借助其他的管理方法，全方位、多角度地对酒店的运营进行管理。

（三）数学方法

数学方法是通过对管理对象数量关系的研究，遵循其量的规律性进行管理的方法。它具有准确可靠、经济实用、能够反映本质等特点。

（四）法律方法

法律方法是把酒店管理中比较稳定、成熟、带有规律性的经验或事务用立法的形式规定下来，以保证酒店管理的各项经济政策、制度、方法的实施，并用于调整酒店内外部之间的经济关系。

法律方法主要通过相关法规的确立对酒店领导层的管理活动和酒店组织的活动进行调整。

酒店管理中用立法形式规定下来的各项规章制度必须具有三方面的内容：①明确规定其针对的条件和范围；②明确规定允许做什么，不允许做什么；③明确规定在违反制度时应负的责任。

法律方法的特点是具有高度民主的权威性、明显的强制性、相对的稳定性和确切的规范性。

法律方法具有其他管理方法无法取代的优点，即一旦制定好规章制度后，员工就被迫严格遵守。在规章制度面前，只有一视同仁，才能保证规章制度的权威性与有效性。但这种管理方法也存在一定的弊端，例如条条框框过多、管理缺乏灵活性等。此外需要特别注意的是，规章制度的建立一定要进行员工意愿与接受程度的调研，如果指定的规章制度存在不科学的问题，那么员工的工作积极性便会大幅度降低，而整个酒店的运营效率也会大打折扣。

（五）宣传教育方法

宣传教育方法是通过做员工的政治思想工作来激发酒店员工的劳动热情，从而达到经营管理酒店的目的。国外称此方法为"伦理学法"。酒店的伦理学与人们的道德观念有关，它指导着酒店各部门和所有员工的行为，它教育员工要有良好的职业道德和品行，能自觉地处理好自己的工作。例如，不说竞争对手的坏话，对顾客彬彬有礼，以自己的职业为荣等。

宣传教育方法的主要内容为加强酒店员工的思想政治工作。通过崇高理想教育、思想道德教育、职业道德教育、爱我酒店教育、模范带头宣传、好人好事宣传等方式，培养员工的敬业精神和责任感。企业责任感是企业对员工的长期激励因素，这种激励因素的作用远大于经济手段的作用。

宣传教育方法的运用效果在很大程度上取决于酒店管理者的管理能力。宣传教育的方法不是说教，而是在长期工作实践中不断渗透教育思想，并要求每位员工从自身做起，共同营造和谐健康的企业文化氛围。因此从某种角度来说，宣传教育方法十分考验管理者的管理技能和个人情商。

宣传教育方法的特点是具有灵活性、针对性和坚持性。不同的问题有不同的宣传教育方法。正确的立场、观点和方法，需要反复的教育和实践，才能为广大员工所接受。

综上所述，行政方法、经济方法、数学方法、法律方法和宣传教育方法是酒店管理中最基本的方法，相互补充、相互制约。不同的问题有不同的处理方式，在特殊场合也有特殊的处理方法。在日常管理中，要做到五法并举，互相借鉴，才能取得更好的效果。

三、酒店管理的现代方法

随着管理科学的发展，现代管理方法在现代酒店管理中越来越显现出其重要性。现代酒店管理中常用的现代管理方法主要有以下几种方法：

（一）效率管理

效率管理是指酒店通过建立规范的管理系统以提高酒店整体效率（包括生产效率、管理效率和服务效率等）和突出酒店的经营特色，从而达到酒店管理目标的一种管理方法。效率管理是酒店专业化管理的一种体现形式。效率管理的内容包括以下几方面。

1. 规范管理

酒店通过建立或完善金字塔形组织结构（一般包括职能部门——前厅部、客房部、餐饮部、娱乐部、工程部等，行政部门——市场销售部、财务部、人事部等），并制定或完善酒店的管理规章制度和岗位职责，规范服务操作流程与质量衡量标准来达到管理规范和管理效率。

2. 计划管理

通过制订详细的生产服务和销售计划，明确酒店和各部门的经营和管理目标来提高酒店总体效率。

3. 效率控制

通过标准化、程序化操作和对酒店产品质量保证以及销售和服务承诺，达到酒店产品生产和服务的效率控制。

（二）目标管理

目标管理是使上下级共同达到组织的共同目标，确定上下级的职责和子目标的管理方法。同时，管理者还可将这些目标作为操作、评价和奖励每个单位和个人贡献的标准。事实上，目标管理的基本原理为通过建立目标链与目标体系，来实现各种目标因素的整合。按劳分配是目标管理的基础，也是确保目标管理能够顺利进行的必备条件。对于管理者而言，目标管理的工作核心是各部门、各班组分别根据本部门、本班组的实际情况，酒店的总体目标及各部门自定的目标、计划来制订自己的目标与具体的行动计划。

目标管理在酒店运用中应注意以下几个问题。

（1）由于目标管理的管理机制、工作方法与工作程序比较复杂，如果酒店员工的素质不高的话，就不易做到。因此，酒店在运用此种方法时，应重视提高员工的素质。

（2）组织目标是共同商定的，因此应根据组织的总目标决定每个部门以及每个人担负的任务、责任以及应达到的分目标。

（3）当酒店使用目标管理方法时，需要特别注意酒店内部各个部门间需要保持较好的协调性，同时对各个部门间的管理力度应当恰到好处，控制不好或是放任自由，都容易造成酒店内部发展的混乱。

（4）酒店应以总目标和分目标作为部门、班组和个人任务考核的依据。

（三）现场管理

现场管理是一种基于现场问题需要的管理模式。现场管理是一种随机管理。它的管理水平和质量主要取决于管理者的个人知识、经验、情绪和心理状态，在很大程度上与管理者的个人兴趣、爱好、能力和人格魅力有关。

现场管理的实质是：管理者在现场发现问题并立即解决。巡检管理是现场管理的主要形式。巡检管理是指酒店管理者深入基层，联系员工，在酒店内部建立一个广泛、非正式、开放的信息交流网络，进而实现酒店管理目的的一种管理方法。在使用现场管理方法时，应注意以下几点。

（1）现场管理是一种随机、实时，但非常实用的管理方法。因此，管理者在巡查过程中，应明确员工在酒店服务经营经营现场的实际工作情况、存在的问题和遇到的困难，用自己积累的工作经验指导本部门或岗位的具体工作。

（2）在现场管理中，管理者要尽量掌握顾客的动态，了解顾客对酒店服务的需求，并及时、迅速地给予满足，努力提高顾客对酒店的满意度。

在现场管理中，管理者应尽量掌握顾客的动态，了解顾客对酒店服务的满意程度，及时、迅速地为顾客提供其需要的服务。

（3）在现场管理中，管理者要及时找到酒店目前发生的亟须解决的问题并现场解决，这不但能使员工顺利地完成工作，还能提高管理者的管理效率。

（4）只有在酒店发展机遇和经营环境良好的情况下，现场的随机管理才能取得良好的效果。在激烈的竞争环境中，酒店也应该采取其他科学的管理方法，才能最终取得成功。

（5）在现场管理中，管理者必须深入了解员工在工作中的心理状态，关心、爱护员工，解决员工在工作中遇到的实际问题，让员工实现酒店的核心价值观和目标，从而提高员工的工作积极性。

（6）由于现场管理不能摆脱决策者的主观臆断，不能客观、科学地按照经济规律办事，管理的可靠性低，操作风险大。所以管理者在使用这种方法时，首先要衡量管理人员的个人素质和管理能力，确保他们能够胜任这份管理工作。

现场管理要求管理者根据自身的知识和经验，及时发现问题，提出问题，并提出切实可行的解决方案。随着现代酒店组织的扁平化发展，管理者与员工之间的关系已由"管理者与被管理者之间的上下级关系"转变为"合作伙伴关系"，在这种管理思维模式下，现场管理的运用更加普遍，且更加重要。

（四）知识管理

1. 知识管理的含义

知识管理是知识的创造、识别、共享和利用，其根本目的在于满足顾客的需求，提高企业的竞争力，增加酒店的市场价值。知识管理要求实现组织知识共享，充分发挥集体智慧和知识的作用，提高创新效率和酒店竞争力，以实现酒店的战略目标。知识管理包括知识共享、组织学习、知识联盟和知识分配。

（1）知识共享。知识共享分为酒店内部的、酒店之间的、酒店与外界的三种。不同类型的知识共享的作用、条件和问题不同。酒店在实施知识管理时，应考虑是否要共享知识、与谁共享知识、共享什么知识、如何共享知识等。同时还应考虑酒店文化、相互信任程度、酒店信誉、社会环境、个人价值观、管理者素质、信息和知识基础设施等制约因素，以提高知识共享的有效性。

知识共享可分为三种类型：酒店内部知识共享、酒店与外部知识共享以及酒店之间的知识共享。不同类型的知识共享通常发挥着不同的作用，且需要不同的支持条件，自然也存在着不同的问题。酒店在实施知识管理时，应考虑是否共享知识、与谁共享知识、什么知识以及如何共享知识。同时，应从酒店文化、互信、酒店声誉、社会环境、个人价值观、管理者素质、信息和知识基础设施等方面来提高知识共享的有效性。

（2）组织学习。组织学习可分为酒店内部学习、酒店间相互学习和酒店系统学习三个层次。常用的组织学习方法有自我超越、团体学习、系统思考、单回路学习、双回路学习、干中学、交互学习等。酒店通过组织学习成为学习型组织。学习型组织具有六个特点：其一，具有共同接受的远大前景；其二，具有极强的团队意识；其三，人性化组织；其四，学习性创造；其五，对新知识非常敏感，反应更加快捷；其六，学习是自愿的和持续的。酒店强调团队是个学习协作组织，在每一个团队中，人们不分等级，彼此信任，共同承担责任，形成一种不断从外界吸收知识、共同学习提高的工作环境。

（3）知识分配。首先，酒店要把知识视为资本和资源；其次，对知识资本进行评估和管理，如品牌资产、知识产权、技术权益、品牌特许经营权、品牌特许生产权、知识产权转让等的价值确认。知识分配应当被视为酒店分配的一种形式，并且可作为对员工工作绩效进行奖励的方式。酒店的知识管理分配制度是按贡献分配，包括按资本分配、按知识分配、按劳动付酬（包括奖金），而且知识分配的比例在增大。

（4）建立知识联盟。酒店通过建立知识联盟，使自己能够获得其他组织的技能和能力，并且可以与其他公司合作，创造新的能力。

2. 知识管理方法在酒店中的应用

知识管理方法在酒店中的应用包括以下几方面。

（1）知识议程。通过知识的创造、识别、共享和利用，酒店可以最大限度地提高其创新能力、盈利能力、竞争力和市场价值。酒店知识议程的关键是运用知识改进服务，吸引更多的顾客。为了充分发挥知识议程的作用，酒店应考虑当地经济发展水平、文化、地理条件、政治和社会条件的影响。一些酒店用 PMS 系统建立顾客的个人档案，酒店在顾客到达前，就能根据顾客档案中有关顾客的各种信息提前做好接待准备工作。

（2）内部网。许多跨国酒店集团使用其内部网连接世界各地的分公司和合资企业，以共享信息资源。例如，一些大型酒店集团建立的中央预订系统与酒店管理系统相连接，使集团内的酒店能够通过该系统将更新后的客房状态信息快速传递给世界各地。

（3）知识库。酒店将开发产品、生产、销售、服务和管理等知识和信息输入计算机数据库，形成初步的知识库，酒店可利用知识库中的有关酒店的知识、合作者的知识、客户的知识、人力资源管理的成功经验与案例等有用信息进行服务和管理。目前，一些大的酒店集团在其集团内部建立人才库，以保证人才的供应，如希尔顿酒店集团掌握着一个包含三千多个"关键人物"的名单，他们分属六十多个国家，分布在世界各地的希尔顿酒店中。

（4）知识主管或知识总监。酒店可以设立专职知识管理经理，专门负责协调酒店的知识管理和发展战略。通过制定和实施知识议程，酒店可以最大限度地创造、发掘和利用各种知识，促进知识共享和组织学习，培养酒店内部的学习和创新文化，进而提高酒店的竞争力和市场价值。

（5）知识联盟。酒店通过与其他酒店、顾客、供应商、工会组织、大学和其他机构等建立知识联盟，以获得对方的知识、技能和能力，从而促进双方培养新的能力。例如，锦江集团通过与瑞士洛桑酒店管理学院合作培养人才，来保证锦江集团的发展；英国信任之家旅馆与餐食集团公司在伊斯伯恩大学和阿斯顿罗旺特大学开办管理进修班，这些都是知识联盟的表现形式。

（五）成本管理

1. 成本管理的含义

成本管理是指酒店企业根据市场需求和酒店自身状况，制订相应的成本计划，对各项物资进行成本核算，采用科学方法寻求控制和降低成本的途径，以提高酒店的经营利润。在酒店发展的任何阶段，效率、成本和质量都是酒店成功的三个基本要素，高效、价廉和物美是市场竞争的三大武器。成本管理的内容包括以下几方面的内容。

（1）构建成本控制体系。一方面，酒店通过强化全体员工的成本意识，可以在一定程度上达到成本控制的目的；另一方面，通过成本效益分析，能够分析客户从特定成本（或具有附加值的价格）中获得的收益和费用的比例。如果顾客对酒店提供的新产品或服务不满意，则有必要降低提供新产品或服务的成本，从而使酒店和顾客的利益最大化。

（2）成本的计划与核算。根据接待计划，酒店可以制订出相应的成本计划，并计算每种材料的成本，进而逐一分析成本构成，以寻求控制和降低生产成本和销售成本的途径。

（3）构建利润中心。酒店根据各盈利部门的运营状况，建立有效的利润中心，实行这些部门（事业部）内的利益负责制，鼓励酒店内不同利润中心之间的合作与竞争，并在此基础上总结并传播各利润中心的成功经验，从而达到提高酒店总利润的目的。

（4）成本中心的构建。在分析酒店为提供服务或产品的成本消耗的基础上，建立合理的成本中心，明确酒店各部门的成本责任，便可达到控制酒店内部成本的目的。

2. 成本管理方法在酒店中的应用

成本管理方法在现代酒店中的应用主要包括以下几方面。

（1）价值工程。价值工程是指酒店在对某产品进行价值分析与功能评价的基础上，以不影响产品原有的功能为前提，力求在该产品的生产、营销的各个环节中排除不必要或可节省的成本费用的生产、经营管理技术及其实施方案的总称。

价值工程方法在酒店中的应用包括：①确定酒店价值工程的目标和研究对象。酒店价值工程的目标是提高产品的价值，提高酒店产品的市场竞争力。酒店价值工程的研究对象是酒店特定产品及其影响产品价值的相关因素。②收集有关的情报资料。一是收集本酒店的基本情况，如经营方针、接待能力、质量统计、顾客意见等；二是收集被列为价值工程对象的产品的技术经济资料，如产品成本构成、库存状况、利润等；三是收集国内外同行生产本产品的有关技术经济资料。③价值分析与功能评价。通过价值工程产品对象的功能价值来衡量价值工程的可改善程度（潜力）或经济效果。

目前，现代酒店的成本管理更多地体现在质量成本的管理上。质量成本有两方面：一是产品质量问题引起的所有费用，即质量问题的成本；二是质量管理成本，是为保证和提高产品质量而支付的费用。质量管理成本包括检验成本和预防成本；质量问题成本包括内部事故成本和外部事故成本。酒店应采取提高员工整体素质、授权、组织扁平化等多种措施，降低质量管理成本和质量问题，以提高酒店的竞争力。

（2）连锁经营。连锁经营是"一种营销或分配系统，连锁经营者授予某酒店一种权利，它可以在特定的时间与特定的地点根据连锁经营者的准则经营业务"。采用连锁经营的酒店可以通过大规模的优势，减少单位产出的运行成本。例如，世界著名的洲际酒店集团就是通过连锁方式扩大其规模经营来降低建筑成本、人力资本和每间客房运营的成本。最佳西方国际集团采用大量购进及同享项目，如保险、融资、信用卡折扣、管理合同及职业培训等来减少成本。希尔顿酒店集团也是通过大量采购的方法来控制成本。在希尔顿酒店集团内，包括火柴、瓷器、肥皂、地毯等21项物品，都是大量采购，这样不但可以节约成本，而且制造商可以根据酒店的特殊标准来生产这些物品。

（六）柔性管理

1. 柔性管理的含义

柔性管理是以管理信息系统为基础，以市场为导向，进行产品设计开发和服务创新，快速响应市场变化的一种管理模式。柔性管理是在权变管理和系统管理的基础上发展起来的一种新的管理模式。柔性管理所依赖的柔性组织是一种结构扁平、外部导向的柔性组织。这种组织强调信息沟通、网络结构和快速反应。柔性管理的内容包括特色产品（服务）、柔性生产、柔性组织、人性为本等。

（1）特色产品（服务）。酒店的特色产品来源于顾客的需求。随着顾客对产品的要求越来越高，产品和服务就应突出个性和特色。为了满足和适应顾客的多样化需求，引导或参与多样化、特色化、个性化的产品的设计和开发，能够使酒店推出顾客所需的一系列特色化、个性化的产品（服务），这对酒店的定位与特色化发展是非常重要的。

（2）柔性组织。酒店在产品特色化和生产柔性化的基础上，还应改变酒店的管理哲学、组织结构和市场网络，使酒店组织成为柔性组织。适用于酒店组织的柔性组织有整体性组织、不规则组织、双模式组织和虚拟组织等。

（3）人性为本。人性为本的目的是释放人的创造性，调动人的积极性。酒店可采取以尊重人性的工作方式，如弹性工作、远程工作和灵活工作等，以及以尊重人性的管理思想，如合作关系、伙伴关系、平等关系、对话式工作关系、奖励措施等来提高员工的积极性。

（4）柔性生产。随着计算机的发展和应用，酒店的管理也应借助计算机，根据顾客的需要提供个性化的产品和服务，以提高顾客满意度。

2. 柔性管理方法在酒店中的应用

柔性管理方法在酒店中的应用包括以下几方面。

（1）跨部门小组。一些酒店采用跨部门工作小组来进行管理，这些跨部门工作小组是相对独立的，它对自己的工作业务全面负责，小组成员相互合作、自由交流，以最大限度地满足顾客的需要为己任。酒店可根据酒店的管理和经营的需要，或根据市场和顾客需要来确定小组的形式。例如，酒店根据接待计划和任务，尤其是 VIP 的接待，临时组建一个涉及酒店所有部门的 VIP 接待小组，负责接待 VIP 的各项事务，包括客房、餐饮、娱乐、保安等要求，确保 VIP 接待工作的顺利完成。

（2）管理信息系统。管理信息系统利用现代信息技术，将各种管理功能和程序输入计算机数据库，进而实现酒店运用事物的计算机管理。管理信息系统将实时收集酒店的各种管理和运营信息，包括采购、生产、销售、库存、服务、市场情况、管理法规、程序、人员、财务、公关等信息。在此基础上，通过计算机分析，能够为管理者提供决策参考。例如，酒店集团可以安装一个基于知识信息的系统，该系统能够对每一位曾经来该酒店消费过的顾客所拥有的偏好和需求进行记录，并自动将信息传送给世界各地的会员酒店。通过这一系统的运用，酒店可以获取大量的客户信息，并将新的信息投入到新的管理和服务中。进而帮助酒店管理者更好地满足顾客的个性化需求。

（3）柔性制造和敏捷制造。柔性制造是指酒店按照顾客需要提供产品的一种服务方式，即顾客可以与酒店商定对其所需产品的要求，酒店按顾客的要求设计出满足顾客需要的产品。酒店除进行柔性制造之外，还需要迅速组织酒店内部和外部的资源，提高酒店在不可预见的、多变的环境中的生存能力，并开发出针对特定市场的、以知识为基础的、以服务为导向的产品。例如，顾客可以通过计算机设计自己喜欢的菜单，然后在计算机上显示可能会出现的菜肴的最终结果，可让顾客根据自己的感觉进行确定，直至满意为止。这种根据顾客需要而设计的产品，其价格在很大程度上取决于其知识含量和顾客满意程度，成本不再是此种产品确定价格的重要因素。

（七）战略管理

1. 战略管理的含义

战略管理是对酒店战略的选择分析、制定、实施和评估的连续过程的总称。战略管理的内容包括战略制定、战略实施和战略评价。

（1）战略制定。战略制定包括确立酒店任务、认定酒店的外部机会与威胁、认定酒店内部优势与弱点、建立长期目标、制定可供选择的战略，以及最后选择特定的实施战略。

（2）战略实施。战略实施要求酒店树立年度目标、制定政策、激励员工和配置资源，以使酒店制定的战略得以贯彻执行。

（3）战略评价。根据实施结果，酒店重新审视酒店的外部和内部因素，对实施策略进行适当调整，并根据酒店的最终业绩分析存在的偏差，进而采取相应的纠正措施，使酒店的战略管理达到预期目标。

2. 战略管理方法在酒店中的应用

战略管理方法在酒店中的应用包括以下几方面。

（1）竞争分析。为了提高酒店的市场竞争力，酒店管理者首先应当对酒店自身各方各面进行分析，并与竞争对手进行对比。在此基础上，再研究顾客需求的发展与变化，进而结合自身定位与优势，制定出符合自身发展的战略。例如，英国爱尔兰农村有一家只有40间客房的小旅馆，这个旅馆的客房清洁、雅致，供应优质食品和饮料，虽然客房中没有电话，只有窄小的床，但客人却趋之若鹜，其价格甚至比城镇内有电话、有娱乐设施的酒店还略高一些。究其原因就在于，这家旅馆的业主通过分析认为，这个旅馆可出售许多别的旅馆无法出售的东西，那就是"没有东西"。客人在这个旅馆里可以享受与世隔绝的乐趣，他们不必接电话，不必每天去打网球或高尔夫球，而可以品尝佳肴，舒适地休息。

（2）经营分析。酒店管理者通过对宏观商业环境（包括社会文化、政治、经济、科技、环保等）和微观行业环境（包括客户、竞争对手、供应商、酒店内部）的分析，能够找出酒店在未来相当长一段时间的发展机遇，并发现未来酒店会遇到的一系列危机，进而提前进行策略的制定。例如，1999 年 12 月在阿联酋迪拜正式开业的迪拜阿拉伯塔酒店，是一家将高消费群体作为目标市场的高档次酒店，酒店建有水下海鲜餐厅，世界最大的大厅，高出水面 200 米的餐馆，其套房一晚的收费高达 18 000 美元……这一经营模式与目前世界酒店业的总体潮流（经济型、低档酒店为主）格格不入，而这家酒店的创办人就是基于"目前仍有需要这种高消费、高享受的顾客群体，这座酒店正是为他们而建的"的经营分析而兴建此酒店的。

（3）战略重组。酒店根据自身发展情况，制定自己独特的经营战略（如成本领先战略、差异化经营战略、独家经营战略、国际化战略等）和中长期发展战略。只有在经营实践的过程中，恰到好处地运用这些战略，才能够保证酒店的良好发展。

（八）创新管理

1. 创新管理的含义

创新管理是指对酒店的创新活动和创新能力的管理，这种管理包括技术创新、知识创新、服务创新、管理创新、制度创新等。创新不仅可把酒店的创新活动（产品研究与开发过程等）作为管理的对象，而且把创新资源、创新机制、创新能力作为管理的重要内容，并把创新能力视为酒店核心能力（核心竞争力）。

（1）创新文化。酒店将创新思维转化为酒店的灵魂和酒店文化的核心。酒店全体员工自上而下都应当坚持创新创造的工作思维，尊重创新、支持创新、主动创新。从精神层面、组织制度、人事制度到各部门的管理，都应当体现出创新意识。酒店管理者应当向员工宣传勇于探索、不畏艰难、不怕失败的精神，并鼓励员工将这种工作精神落实在实际行动当中。

（2）酒店创新。当顾客对新颖性、独特性产品的要求持续增长时，酒店为了在快速创新的市场上取得主动，率先把创新作为酒店发展战略的重要组成部分，把创新能力视为核心能力和核心竞争力，制定创新战略，协调酒店各个部门的创新活动，实施全面创新管理，以提高创新效率和创新能力。

（3）独自创新。酒店根据企业的情况和客户需求的变化，在酒店的不同职能部门开展创新活动。这种创新活动的主要特点是随机性、分散性、缺乏协调性和独立完成性，且主要作用于酒店内部，很难产生较大的影响力。

（4）联合创新。一家酒店的创新能力是有限的，但市场对创新的需求却是无限的。虽然，近年来，各种类型、各个级别的酒店不断加大创新投入，但酒店的创新能力仍然无法完全满足日益增长的市场需求。面对这种情况，酒店只能加强创新合作，开展联合创新，共同面对市场，推动我国酒店业的整体发展。

2. 创新管理方法在酒店中的应用

创新管理方法在酒店中的应用包括以下几方面。

（1）创新小组或创新团队。酒店可根据本酒店的情况，设置各种创新小组，创新小组的成员来自企业的不同部门，小组由总经理直接领导，以保证提供创新所需要的各种条件。这种创新小组具有较大的自主权，能够很好地发挥成员的创新能力。

（2）设立研究开发管理机构。酒店研究开发活动是创新活动的主体，研究开发管理是创新管理的主要内容。酒店的研究开发管理机构可通过内部网络和外部网络，促进酒店与其他机构（酒店、大学、科研机构、社会团队等）间的知识共享，交流新思想、新知识，提高创新的效率。

（3）创新基金。酒店内部可设立相应的创新基金，支持员工的自主创新项目。为了鼓励员工充分利用业余时间，酒店管理者应当为员工传授创新的方法和措施，帮助员工提升工作质量，进而推动酒店经营水平的提高。

（4）管理创新。创新是指酒店管理者采用创新思维，贯穿于酒店管理活动的全过程。主要包括制度创新、技术创新、组织创新与观念创新这几部分。

就制度创新而言，即指把观念创新、组织创新和技术创新活动制度化、规范化。制度创新包括管理方法手段的创新、管理模式的创新（即酒店管理综合性创新）、酒店内部的各类管理制度创新（如人事制度、工资制度、财务制度、店规店纪、领导制度等）。

就技术创新而言，指的是一种新的生产方式的引入，即酒店从投入到产出整个产品生产过程中所发生的变革，其内容有：酒店自行开展基础理论与应用研究去开发新技术，根据研究成果去开发新产品，对开发的新产品进行生产，以新技术与新商品去开发新市场。

就组织创新而言，其本质是管理创新的必要实现条件。组织创新包括组织机构基本形式的发展、集权分权的新方式、组织机构中信息网络架构及人际关系安排等。

就观念创新（经营理念创新）而言，其本质是管理创新的重要前提。观念创新要求酒店人员具有领先时代的经营思想，即在酒店中推行新的经营理念、新的经营策略及思路，从酒店设计、建设、经营开始到日常管理和服务，都能体现出创新的理念和思想。

（九）计算机管理

1. 计算机管理系统的应用

目前国内外现代酒店计算机系统应用大体可以分为两大类：一类是全计算机化管理系统，另一类是局部计算机化管理系统。

（1）全计算机化管理系统。全计算机化管理系统主要集中在国外一些大型酒店，如目前有美国、加拿大等3500家大型酒店采用Micor计算机系统进行全计算机化管理。

酒店的全计算机化管理涵盖了酒店各部门的运作和所有服务项目的电脑操作和管理。其功能包括前台操作和后台操作两部分。前台和后台操作的各终端工作站通过网络与中央处理器相连，构成整个酒店的计算机管理网络系统。

全计算机化管理酒店的网络系统是由许多终端机和中央处理机（中央系统）所构成，而网络之间的各种信息传输则采用声音、数据、文本和图像通信等各种先进技术。全计算机化的酒店管理在信息传递和管理上的应用最为突出，其中一个项目就是酒店观察信息系统。这是一种双路的公用天线电视（CATV）系统，这种系统采用全信息段类型的形式传递。这种系统具有交互电文功能，它除了能提供广播、叫醒、付款程序计算、停止和解除服务、总电话费稽核、客房迷你吧物品消耗计算等一般功能外，客人还可以利用每间客房中备有的键盘终端方便地获得各类电文信息，如新闻、旅馆指南、交通信息等各类咨询信息。这些信息都可通过电子信息译码器显示在客房中的电视屏幕上，客人也可以在房内利用键盘终端检视自己的消费账目。这种酒店观察信息系统，已经在日本大阪的 Miyako 等数十个旅馆中得到应用。此外，酒店的信息传递可以允许各餐厅服务员利用键盘终端输入各种点菜指令，这些点菜指令通过网络传递到厨房，并在厨房的打印机终端打印出来，从而提高处理订单、进行信息传递的速度。

全店计算机化的管理系统，使酒店的大部分经营工作（如各种查询、预订和安排、收货和仓库管理、设备检测等）和信息处理（如各种票据和菜单的传输、旅客数据处理等）都可以用计算机代替可节省大量人力，加快操作速度，提高可靠性和准确性强。全电脑系统使酒店的所有信息得以共享。总经理可以通过综合办公室终端工作站上的键盘随时查询客房预订信息、当前客房销售信息、餐厅运营信息和客人信息，客房部员工可以查询仓库内的客房用品库存情况，洗衣房和客房通过键盘终端工作站的客房部准备用品。信息和数据的共享大大提高了酒店的工作效率，带来了更高的经济效益。

（2）局部计算机化管理系统。在我国，大多数采用计算机管理的酒店只实行局部计算机化管理。所谓本地电脑化管理，是指酒店某些部门或部门之间的联网计算机管理。目前，国内大多数酒店的计算机管理一般只限于前台的大部分部门、后台的少数部门和一些特殊的接口部门。在这些酒店中，超过一半的酒店采用本地在线网络系统，许多酒店仅在部分部门使用单机（个人电脑），而没有形成网络。

前台系统主要有以下功能：预订排房；入住登记；客账结算；信息查询。后台系统主要有以下功能：办公室自动化；财务管理计算机化。除了以上两个主要功能外，局部计算机管理系统在酒店后台的运用还包括仓库物资的管理、能源控制管理、车队运行的调度、洗衣服务自动化等方面。

酒店计算机系统中的特殊接口系统一般指与电话系统相串联的系统。这个系统可以使电话总机的接线员随时迅速地从计算机终端得知哪位客人在哪间客房内传唤，使其服务迅速而有效率。

酒店计算机系统的前台、后台系统和专用接口系统具有预订、登记、优化安排、客人结算、夜间审计、电话总机数据、自动报时服务、应收应付账款、工资结算、总账等多种处理功能，此外还包括仓库管理、销售分析、各种档案文件、管理数据处理等功能，能够快速对酒店中的日常事务进行处理，使酒店高效地提供优质服务，使决策者及时掌握信息，把握机遇，提高管理者的时间利用效率。虽然酒店计算机管理系统不能直接为酒店创造利润，但它对酒店经济收入的增加起到了不可估量的作用。它可以提高酒店的服务质量，提高酒店的入住率，减少客人结算中的差错和疏漏，监控和管理成本，帮助管理者及时发现产生的不合理费用，进而分析经济活动，并协助决策者做出决策。

2. 现代酒店前台计算机管理系统

现代酒店前台计算机管理系统由下列子系统组成。

（1）前厅作业计算机系统。前台操作计算机系统的基本功能是：提供详细的客人名单和退房清单；提供详细的房间状况报告；自动打印或临时打印登记卡；临时自动打印客人记录单；快速办理入住和退房手续；群组登记和专题报告制作；简单的账户预付与结算；出纳换班期间的现金审计；全自动夜间审计；各种前台报表制作；客户个人数据库处理；自动更新计算机锁密码。

（2）预订房系统。预订房计算机化是通过计算机订房系统来实现。酒店接受预订时，不仅需要知道客人的姓名、抵店日期，而且需要预先知道他们所预订房间的类型、价位，以及住店的天数等。因此，对于所有酒店来讲，用手工精确制作预订房记录是相当困难的。利用计算机订房系统，就可以轻易地解决这个难题。计算机的磁性存储芯片可以容纳千万个订房信息，这些不同类型的订房信息通过订房系统分类制成文档，并可根据需要进行更新、查询及打印。计算机订房系统除了能精确地制作酒店的订房记录外，还能为酒店各部门提供酒店住宿设施的利用状况和必要的咨询。例如，提供给营销部门有关客房市场咨询、市场业务分析资料，提供给前台作业人员对客房的利用与分配信息，以满足顾客对酒店住房的需求，提高服务质量。

目前，计算机化订房系统的运用范围大致可分为三个层次：国际性订房网络、洲际性订房网络、局部性订房网络。

（3）计算机化客房管理系统。在客房管理方面，计算机系统的应用主要在于建立客房状况咨询的联系或通讯操作。计算机化的客房管理系统使客房部能够及时了解客房的最新情况，并将其输入中央存储系统。前台接待员可以随时知道有多少或什么样的房间可供出租。

一般的计算机化客房管理还包括：完整的客房状况报告，客房状况自动更新通知单，客房内应收费用记录（可转账至客人的住店账单上），客房维修通知单，以及客房用品仓储情况报表等文书作业。

目前，计算机在客房管理中的应用主要体现在三方面：①迷你吧计算机系统。近年来，大多数现代旅游酒店的迷你吧都已计算机化。迷你吧计算机化是利用酒店自己的电脑分配系统，将房间内的消费立即转移到客人的账户上。迷你吧计算机系统的软件程序与酒店电脑系统具有相同的接口，不仅可以随时结算客人在房间内的消费账目，还可以打印各种报表，如销售报表、库存补货报告等。②客房状况计算机监控。通过利用客房状况计算机系统，能够实现对客房状况的计算机检查或监控。客房状况计算机系统将客房部与前厅部连接起来，并在二者之间建立服务咨询的流通渠道。借助计算机系统的网络操作，所有相关人员都能了解每个房间的实际情况，从而能够顺利地办理房间预订、入住等业务。其他部门，如维修、交通、交通等，也可以利用终端屏幕信息了解各楼层房间的实际情况。③计算机化客房维修。在计算机系统的帮助下，客房部可以将维修问题以叙述的方式输入计算机系统，然后传送到工程维修部的终端。工程维修部根据客房部提出的问题，制订工作计划，按顺序实施维修。这种操作方式可以节省大量的口头解释时间，从而发挥客房维修及时性功能。

（4）计算机防火系统。计算机系统在酒店的应用为现代酒店的防火安全带来了较大保障。目前酒店使用的计算机防火系统具有四种基本功能：①测定与警报火灾的发生；②告知住店客人最佳的逃生途径；③为住店客人争取最长的逃生时间；④协助各种灭火设施发挥其最大的灭火功能。

普通消防系统只能用于防火或报警。计算机消防系统在许多情况下可以作为酒店保安系统的一部分。因为它不仅具有以上四种防火功能，而且可以报警任何入侵者进入酒店，并能够处理能源管理问题。

计算机化防火系统在硬件设施中具有核心地位的是"中央控制板"，它可以和火灾测定与控制装置直接联网，从而发挥中央控制功能。

（5）电话系统计算机化。电话总机是现代酒店进行通信联络的主要工具。计算机在酒店通信方面应用的最主要表现，是酒店电话系统与酒店的计算机系统、能源管理系统、火警讯号系统、视讯咨询系统的联网，即电话系统计算机化。电话系统计算机化是通过一种管理系统来实现的，电话管理系统除了具备原有的通话功能以外，还能为酒店带来许多便利并为宾客提供许多更有效而直接的服务。

（6）客房保险箱计算机系统。近年来，许多酒店在客房内设立了自己的小保险箱，并使用计算机系统来确保安全。该种保险箱采用了安全电脑系统，客人在酒店设置的六位数密码程序即能保证保险箱的使用安全性。客人离开酒店后，可通过中控系统取消密码，下一位客人可自行设置密码程序。另外，客房内的保险箱也可以与报警系统连接，如果有人没有被授权就动用保险箱，报警系统会自动发出报警。

（7）计算机化会议管理系统。会议、婚丧喜庆、集会等大型活动的促销、组织与服务在现代酒店的经营管理中是极为重要的。现代酒店的计算机系统网络中，经常设置一个专门的系统来处理此类活动。这个系统有时称为会议管理系统，有时也称为宴会管理系统。一个典型的会议管理系统功能包括查询、报价及销售预测、登记、出具发票、销售账制作等。

（8）计算机门锁系统。门锁和钥匙的管理与客人的财产和人身安全有着直接的关系。对于酒店管理者来说，最麻烦的问题是房间钥匙被盗、丢失和复制等一系列严重威胁顾客安全的事件。门锁运用计算机系统管理，可以很好地解决酒店管理人员门锁钥匙难保管等问题，并保证客房的安全。

计算机门锁系统的安装通常分为两类：一是独立运作，二是直接与酒店的中央处理机联网。无论是独立的或者联网的，门锁本身的程序都可以重新制定。开启此种程序锁的工具则为锁匙卡片和复制锁匙两种。

3. 酒店后台计算机管理系统

现代酒店后台计算机管理系统主要由下列子系统组成。

（1）计算机化能源管理系统。现代酒店计算机化能源管理系统可以解决现代酒店中能源管理方面的诸多问题，保证酒店正常运作所需的能源供应，使能源的消耗量尽可能维持在一个最低的限度。

公共场所气温控制。酒店里的公共场所或公共活动区域通常是指走廊、大厅、前厅、餐厅、酒吧、舞厅、咖啡室、会议室等。这类场所的气温控制系统一般采取微处理的中央管理方式，并由计算机系统设定程序，用以监控各个场所的气温，随时施行调节而达到节省能源的目的。

客房室温控制。通常将酒店的每一间客房的温控装置与酒店的中央处理机联网，使每间客房的室温受中央处理装置控制。没有租出的空房在计算机控制下会自动关闭其暖气或通风装置，这样可节省大量的能源费用。空房租出时，总台人员经由计算机网络启动室内空调装置，而不影响客房的气温调节。由于计算机的中央处理机使用的感测器无间歇地监视每一客房室温状况，联网中某一客房室温低于预定的程序，计算机会自动开启暖气装置。装设在客房墙壁上的感测器经由电话线路而与客房部的计算机联网，客房服务人员通过终端机可以确切了解任何客房任何时间的实际室温状况，随时采取应对措施，避免住店客人对其室内气温有任何埋怨。

（2）计算机化财务管理系统。现代酒店计算机化财务管理系统可以迅速、准确、有效地处理酒店运作中所有的财务、会计、成本核算、审计等方面的事务。

销售账务。对于多数住店客人而言，他们在住店期间的消费以记账或使用信用卡为主。计算机可以通过各销售点的终端机录入各消费者的账款及有关信息资料，提供账务报表及发票，分析所有的现金收入及销售额，制作销售报告。销售账务系统与总台计算机系统联网，可自动录制客人账户；与信用卡控制系统联网，可以达到信用卡账户控制。

采购账务。计算机处理采购账务主要在于支付供应商的货款。计算机处理的采购账款列有供应商的详细记录，以及酒店和他们结账情形的说明。所有采购的物品均经分类统计后再做分析，以便制作采购报表。此外，计算机系统还可以依据采购账务的资料，自动制作支票向供应商支付货款。

财务账务。计算机处理财务，可以提供科目设置、凭证处理、日处理、月处理、年处理、银行对账、查询、账单打印、报表输出等功能。通过与前台各计算机系统联网可自动生成营业收入、应收账、原材料、成本、费用和资金的记账凭证，自动完成凭证打印汇总、记账、打印账单、输出报表等，最大限度地提高工作效率。

财务收款。每日或每班次客房、餐厅、商场等部门的各项营业收入均须经此系统处理。财务收款系统的功能有收款核对、夜间核算、输出报表等。各部门的缴款员到财务部交款时，财务收款员通过计算机网络调出该部营业收入信息，与实交的现金、支票、信用卡或签到复核，确认后信息自动转入该子系统。在夜间核对时，能自动按会计科目分类、统计、汇总，当晚即可输出当天各类营业报表和分析报表。这些报表包括客房租费率表、客房分配表、客房费率调整表、客房分配调整表、结账离店客户报告、订房而未住店的客户报告、当天营收报告、存款报告、订房取消报告、客店维修费用报告、客户类型分析、团体客户名单等。总经理室和各部室的计算机也可以立即查询有关信息，同时为财务账务系统加工和存储了生成记账凭证的有关信息。

成本核算。利用计算机对酒店一定期间内的经营费用进行归类和分配，计算客房、餐厅、商场等各部门产品（房间、食品、商品、酒水等）的总成本和单位成本。由于信息能及时反馈，有利于各级管理人员对成本的控制。成本核算系统的功能有数据自动采集、成本计算、查询、输出报表、成本结转等。

（3）物资库存管理系统。计算机化的物资库存管理系统提供包括食品、商场、用品、五金等所有仓库的管理功能和库存业务、库存控制、出入库管理、财务查询、输出账页报表、打印订货合同等功能。可利用此系统每天把各部门包括食品材料、酒水、商品的实际成本、物料用品、修理费等营业成本的清单打印出来，供成本核算用；同时运用现代管理科学的方法，如 ABC 法等对各类物资进行管理，把库存量控制在合理的限度内，减少积压，加快酒店的资金周转。

（4）人事工资管理系统。计算机化的人事工资管理系统提供包括员工档案建立、员工变动情况记录、考勤管理、工资计算、工种作业分析、劳动效果分析、员工需求分析、奖惩管理等功能。系统通过网络收集各部门员工考勤信息，自动进行工资计算。每月利用财务账务及其他系统的有关信息对各部门的劳动生产率、出勤率、人员编制进行分析，从而有效地对人力资源进行管理。

第四节　酒店管理者的素质

当代酒店是从事各种经营活动的多样化、快节奏的管理行业，酒店经营管理的复杂性也随着规模的扩大而增加，这对酒店管理者，特别是高层管理者提出了更多的要求和挑战。具体而言，酒店管理对管理者的素质要求主要体现在以下 5 方面：

一、专业知识

（一）管理和经营的基本知识

酒店管理者应熟悉宏观微观经济学、市场营销学、消费行为学、投资经济学、金融货币知识、会计学、统计学、人力资源管理学、公共关系学、质量管理学等经济管理相关知识。

（二）酒店专业知识

随着酒店客人消费意识的提高和对高附加值的追求，酒店管理者只有拥有丰富的酒店管理知识和对酒店标准的高度认识，才能提高酒店管理水平，维持酒店品牌。酒店管理者须了解现代服务理念及现代服务业发展趋势，掌握酒店各部门如前厅、客房、餐饮等部门的基础知识，运作程序和管理技巧，熟知酒店管理的基本理论和基本职能、酒店管理目标与管理层次，酒店运营管理模式及发展趋势、酒店管理环境、酒店市场营销战略、酒店竞争战略、酒店产品开发、服务质量管理等。

（三）政策理论水平

国家及地方制定的有关经济及行业的相关政策在某种程度上有利于酒店明确发展方向，确定经营方针。酒店管理者要有一定的政策理论水平，能及时了解与酒店经营管理有关的政策方针，准确领会政策精神，并根据酒店实际灵活执行。

（四）扩展知识

酒店管理涉及方方面面，酒店管理者应有广泛的知识面。除上述知识外，还须具有其他使酒店管理人员开阔视野、拓展思维，提高自身修养，从而为工作增值的扩展知识，如社交礼仪、心理学、建筑装潢、设备设施工作原理及保养、美学及艺术类知识、文学知识、法律知识、卫生防疫知识、安全知识、宗教知识，以及各国历史、政治、风俗习惯等。

二、业务素质

（一）行政技能

在现代酒店管理中，编制预算，做市场营销计划、月度工作报告及各种行动计划是酒店中高级管理者日常工作内容的一部分，因此酒店管理者必须有较强的计算机操作能力、文字表达能力和人际沟通能力，掌握以电脑和网络技术应用为基础的行政技能。

（二）管理经验

酒店管理者不仅要懂得一般的管理理论和酒店专业知识，还要有丰富的酒店管理实践和经验，能自如地解决酒店运营中的各种问题，应付酒店复杂多变的业务对象，并能在具体的酒店管理工作中探索新的管理模式和方法[1]。

（三）酒店业务水平

酒店业务部门繁多，岗位分工较细。酒店管理人员要进行有效管理必须全面熟悉酒店业务，如整个酒店业务部门的划分，各部门业务的具体内容、运转过程、质量标准，以及各部门乃至全酒店的信息系统等。同时，酒店管理人员还要了解酒店业务发展的新趋势，关注新的业务内容、业务形式、设备及市场需求，以便于更好地为管理酒店业务服务。

---

[1] 都大明著：《现代酒店管理》，复旦大学出版社 2014 年版。

（四）外语水平

随着国际交流活动的频繁和旅游业的快速发展，酒店不仅接待日益增多的国际客人，也越来越多地参与了国际酒店行业的激烈竞争。在此背景下，酒店需要与国际化接轨的专业人才，而良好的外语水平是酒店管理者走向国际化的必备要素，既有助于他们更好地为国际客人服务，也帮助其拥有更广阔的国际视野，了解国际酒店业最新的发展趋势及借鉴先进的国际酒店管理经验。

三、思想道德

酒店是社会性的公众企业，酒店管理者的思想和行为会对员工、酒店、社会等产生不同程度的影响。因此，强化思想道德意识是现代酒店管理人员的必修课。酒店管理人员须具备的思想道德素质主要体现在以下三方面：

（1）思想道德素质。酒店管理人员要有良好的品德，为人正直，心胸宽广，处事光明磊落，待人谦逊有礼，讲原则、讲团结、识大体、顾大局，善与他人合作。

（2）职业道德和职业操守。酒店管理人员要忠诚于酒店、领导和员工；严守酒店的商业秘密，不做有损酒店形象和利益的事；严格履行与酒店签订的合同条款，严于律己，求真务实，忠于职守，廉洁奉公，乐于奉献。

（3）事业心和责任感。酒店管理人员要有强烈的事业心和责任感，自觉担负对酒店经营、服务质量、经济效益、宾客、员工、投资者、社会、环保等方面的责任；在工作中勤奋敬业，无私奉献，谦虚谨慎，团结协作。

四、心理素质和身体素质

良好的心理素质受到人的经历、品质、观念、文化素质、工作实践和外界环境等多种因素影响，是指人的正常的健康的心理过程，是心理的认识过程和心理特征向积极方面的转化。酒店管理工作烦琐复杂，不仅有来自酒店上级、员工和外部市场的诸多压力，而且还要耗费大量的时间和精力，因此管理人员须具备良好的心理素质。具体而言，酒店管理者要能客观地、不带偏见地分析问题，克服狭隘心理；热爱工作，热爱生活，乐观豁达，充满自信；有宽广的心胸和宽容的气度，信任、尊重、善待他人，不斤斤计较个人得失；有较强的心理承受能力，并能妥善控制和稳定自己的情绪和感情。

另外，由于酒店行业的特殊性，酒店管理者还要节制烟酒和不良嗜好，加强锻炼，有良好的生活习惯，保持健康的体魄，以应对高压力的生活状态和环境。

五、职业能力

（一）创新能力

创新能力是酒店管理者的核心能力，中外优秀的酒店管理模式都贵在服务创新、管理创新、营销创新、思维创新、行为创新。作为一名优秀的酒店管理人员，必须具有创新意识和创新能力，不断学习，勇于超越传统的管理模式、思想观念，在市场开发、营销手段、经营策略、企业文化建设上大胆创新，勇于引进新的管理思路，注重观察外部市场及顾客需求的发展变化，不断根据酒店的实际情况进行调整创新，以适应市场竞争的需要和酒店行业发展的趋势。

（二）决策能力

决策能力是一种综合管理能力的表现，即能够透过关系复杂的事物表象，抓住问题的本质，做出准确而有预见性的分析判断的能力。酒店管理者要根据错综复杂的市场状况，结合酒店的实际情况和远景确定酒店发展的方向和战略目标，制订有利于提高酒店经营效率和服务水平的各种具体计划方案。决策的正确与否关系到酒店经营的兴衰成败，正确的决策来源于周密细致的调查和正确而有预见性的分析和判断，来源于丰富的科学知识和实践经验，来源于丰富的集体智慧和领导者勇于负责任的精神。因此，酒店管理者要掌握丰富的科学知识和实践经验，积累有效的酒店资讯，不断培养理性素养和综合素质，才能提高自己的决策能力，领导酒店走向成功。

（三）组织能力

组织能力是酒店管理者为了实现其决策，运用组织理论，把酒店的人力、财力、物力等要素和酒店各个部门、各个环节充分地调动和利用起来进行有效合理的配置的能力。在酒店管理活动中，不仅各项工作和各项活动需要组织，为酒店创造良好的人事环境、培养酒店员工的凝聚力和向心力，提高酒店员工的素质也离不开组织工作。作为酒店管理者，需要统筹全局，人尽其用，将酒店目标分解并准确地传递给不同层次的酒店员工，并通过各种方式去激励员工完成特定的工作。因此，组织能力是管理能力中最基础的部分，是酒店管理者必备的重要能力之一。

（四）领导能力

领导能力是指酒店管理者按照酒店的既定目标和计划，通过下达指示命令等手段，指导和激励下属工作，以实现酒店目标的一种管理能力。酒店管理者要处理大量的酒店日常经营事务，反复与不同的下属进行互动联系，全面掌握随时出现的各种经营问题，确保下属员工成功实施酒店拟订的行动方案。因此，领导能力是酒店管理者的重要能力，在酒店管理中居于重要的地位。酒店管理者必须有统一而又权威的领导能力，才能有秩序、有节奏、有效率地开展酒店工作，顺利实施酒店的决策计划和圆满完成工作任务。

（五）协调能力

协调能力是指酒店管理者从实现酒店的总体目标出发，依据正确的政策原则和工作计划，运用恰当的方式方法，及时排除各种障碍，理顺各方面关系，促进酒店组织结构正常运转和工作平衡发展的一种管理能力。

酒店管理者需要与董事会进行协调，与其他领导成员协调，与下级沟通协调，与酒店外部的有关单位、人员搞好关系，以创造良好的酒店内部和外部的关系环境，取得方方面面的支持，保证计划、决策的顺利推进和酒店目标的最终实现。在酒店管理过程中，协调工作涉及的范围相当广泛，内容十分复杂。酒店管理者具备良好的协调能力可使下属明确酒店的经营目标、方针政策和工作计划，了解酒店的新动向，新的经营思想和理念，从而实现思想认识、奋斗目标、工作计划的协调统一。

以上即为对酒店管理人员素质的要求。但须注意的是，酒店并不需要每一位管理人员都是具备上述素质要求的全能型人才，而应当根据酒店的发展阶段，以及酒店不同部门、不同管理岗位的工作职责和任职要求选择恰当的管理人员，并组建一支成熟而稳定的管理团队。具有强劲推动力和执行力的实干家，有清晰的头脑、敏锐的洞察力和超前的经营意识的谋略家，能激励和安抚下属保持和谐氛围的亲善大使都是适应酒店经营管理需要的酒店管理团队中的重要组成成员。

第二章 酒店组织管理

酒店组织结构描述酒店的职权职能与框架体系。本章首先介绍了酒店的组织职能，然后介绍了酒店的组织结构，最后介绍了酒店非正式组织管理三方面的内容。

第一节 酒店的组织职能

一、酒店组织职能的基本概念

酒店管理的组织职能就是酒店管理者为实现组织目标而建立与协调组织结构的工作过程。酒店企业的管理者，要负责进行酒店组织结构的设计和组织团队的组建，设置部门职能，分配组织团队角色，决定哪些工作由什么部门完成，进行任务分派，授予他们相应的权力。酒店管理者的组织职责主要是努力为实施计划任务而获得足够的人、财、物等资源，并使人与事得到合理的配置，从而保证高效完成组织目标所规定的各项任务。从酒店的利益相关者角度上看，酒店要实现自身管理目标，从而给各主要利益相关者带来收益，就应该组织好、管理好酒店企业内外的资源。当然，酒店组织管理的对象主要是企业内部的人力及部门资源。

二、酒店组织制度

（一）酒店组织制度的含义和作用

现代企业的基本组织制度是指关于企业核心组织机构的设置及其相互关系的制度。包括现代企业的组织形式和组织结构，主要体现在企业的组织结构方面。组织制度的建立对于酒店管理具有重要意义，具有以下几方面的作用：第一，组织制度首先具有规则约束功能，对酒店员工的行为起着导向作用。制度是酒店员工活动和行为的基本准则，在酒店经营与管理秩序、维持和谐稳定的酒店企业环境等方面起着关键作用[1]。第二，组织制度的激励功能。设计或安排一种科学的酒店组织制度可以有效地激励企业员工勤奋工作和创新。例如，在酒店的经济责任制下，高效率完成目标的员工将得到奖励，这将激励员工更加积极地工作，也对其他员工产生一种示范效应，带动整个酒店经营效益的提高。第三，组织制度具有资源配置功能，即将酒店的人、财、物按一定的比例组合起来，以使其发挥作用。资源配置是任何制度下都必须进行的，这不依制度的不同而有所改变，但不同的制度，其资源配置效果有着天壤之别。酒店如果确立了较好的组织制度，将使其人尽其才、财尽其利、物尽其用，不会出现闲置和浪费等现象，从而提高资源利用率，高效率地完成组织目标。第四，组织制度具有信息传递功能。有效的信息传递对酒店十分重要。酒店的组织制度也是一个系统，它保证了酒店经营信息真实、充分、及时、全面地上下左右传递，而这些信息为酒店的服务、管理、经营提供了决策依据，是酒店的重要资源。

（二）酒店组织制度的类型

酒店同其他性质的企业一样，有宏观、微观的，纵向、横向的各种规章制度。根据不同的标准，可以将企业组织制度划分为不同的类型，就酒店而言，主要可以分为以下几类：第一，按酒店组织形式，其组织制度可分为独资酒店、合伙酒店和公司型酒店。这三种企业组织形式是以财产的组织形式和所承担的法律责任来划分的。加上所有制的因素，还有国家独资型酒店、股份合作型酒店等。第二，有关管理体制的各种制度，如董事会领导下的总经理负责制、党委工作制、职工代表大会制等。第三，有关酒店内部经营管理的一些基本制度。例如，员工手册、服务规程、岗位责任制、经济责任制。第四，酒店部门的管理制度，如酒店财务管理制度等。

三、酒店主要的组织形式

（一）董事会领导下的总经理负责制

董事会领导下的总经理负责制是指以总经理为首的对酒店生产经营管理活动实行全权负责，同时总经理由董事会产生与监督的领导制度。其基本模式是董事会推选出擅于酒店经营管理的总经理，总经理全面负责，党委保证监督，职工民主管理。总经理在酒店中处于中心地位，主要职责是既对投资者、酒店本身负责，也对国家和社会负责。

---

[1] 田彩云，黄丽丽著：《酒店管理案例分析》，经济日报出版社 2018.

作为酒店法人代表的总经理，拥有着法律规定的多项职权，包括经营决策权、统一指挥权、高度处置权、人事任免权、奖惩权和法人代表权等。董事会领导下的总经理负责制，是适合酒店现代管理、适合酒店市场经营、适合酒店管理规律的一种体制。

董事会领导下的总经理负责制是现代酒店组织管理的主要形式。当然，这也受不同酒店结构关系的影响。在某些情况下，酒店的投资方（业主方）与管理方可能不是同一个企业，最典型的是管理合同制下的酒店。其组织管理表现为酒店的业主方委托管理公司进行管理，而酒店管理公司进一步雇用或派出总经理进行酒店的经营管理。受此影响，酒店的名称往往表现为业主方+管理方的形式。

（二）股东大会

股东大会是公司的最高权力机构。它由全体股东（或股东代表）所组成，对公司的经营管理和股东利益等重大问题做出决策。股东大会具有选举和罢免董事会成员的权力，定期听取并审议董事会、监事会的工作报告，对公司增加或减少股本、合并、解散、清算等重大事件做出决议。酒店实行股东大会，要正确处理好股东和酒店管理者之间的权责关系。

（三）经济责任制

经济责任制，是指企业的每一个组织单位及个人对所承担的指标应负的经济责任和享有的权利。

经济责任制是酒店基本的综合管理制度。尽管每个企业经济责任制的内容不一、指标不同、考核办法各异，但从经济责任制的基本形式和内容来看，大体上都包括了酒店经营总的方针、指导思想和基本原则，酒店总的经营目标，各专业的分项目标，各级单位的奋斗目标，具体了各项目标的分解；同时提出了对上述目标在不同层面上的具体考核办法。因此，经济责任制为酒店的生产经营指明了方向，是具体化了的企业经济政策和经营运行规则，成为酒店有效管理的杠杆，是我国酒店企业最基本的综合管理制度。

经济责任制是企业与职工责、权、利关系的综合体现。它最显著的特点是把企业每一个职工工作的优劣及所分担的经济指标完成情况同经济利益挂起钩来，充分体现了以按劳分配为主体、多劳多得兼顾公平的原则。经济责任制是兼顾酒店、国家、员工等各方利益的重要制度。

酒店企业内部经济责任制是企业改革的重要成果，现已成为我国酒店一项基本的综合管理制度。坚持和完善企业内部经济责任制，对于明确酒店与员工的责、权、利关系，贯彻按劳分配的原则，调动职工的积极性，促进酒店的持续发展，提高经济效益都具有重要作用。

（四）岗位责任制

岗位责任制是为了便于酒店的经营与管理，把企业对国家的承包任务和酒店管理的经营目标，按照责、权、利相结合的原则，层层分解，落实到各个岗位上。它的基本内容一般包括：岗位基本职责、岗位安全责任、岗位设备维修责任、岗位质量责任、岗位技能、岗位基础资料责任、岗位经济责任等。它规定每个岗位应当干什么、怎么干、应达到什么标准以及考核和奖惩，是对自己所在岗位的生产经营和工作负责的企业规章制度。

岗位责任制形成于我国 20 世纪 60 年代的大庆油田，目前已成为我国各酒店的一项基本组织制度，具有法律的效力。形成之后关键在于"长期坚持，认真落实"，具体来说应该做好以下几方面的工作：

第一，制定完整的责任管理体系。要制定出操作性强的考核标准和实施细则，并设置专门的职能机构抓落实。严考核，硬兑现。必须强调无论是员工还是管理人员在制度面前人人平等，以保证岗位责任制管理的公平和权威。用标准化来管理生产、管理员工，实现奖惩分明，真正建立起系统的、完整的监督考核体系。

第二，严格实行目标责任管理。要把经营目标展开，层层分解、逐步落实，逐级签订岗位承包责任书，一级对一级负责，从而把企业的各项工作具体到岗位和个人。此外，还应按岗位制定出明确的要求和标准，规定每个岗位和职工的具体责任。企业目标只有通过分解变成每个部门、单位和个人的具体目标、企业的总目标才能得以实现。

第三，加强企业文化建设，对员工进行思想教育。岗位责任制作为企业的一项基本制度安排，它的作用具有两面性。若制度设计公平合理会对员工产生正面的激励，促进企业生产力的提高；反之，则有可能会导致员工抵触和不满情绪的产生，对酒店的正常经营活动造成不良影响。因此，要保证岗位责任制的顺利实施，必须研究职工行为规律，了解员工对制度的反映，同时通过企业文化建设教育和培养员工，使他们安于岗位，热爱岗位，对企业忠诚，这样才能保证岗位责任制的顺利实施。

（五）员工手册

员工手册是酒店的"基本法"，规定了酒店每个员工所拥有的权利和义务，应该遵守的纪律和规章制度，以及可以享受的待遇。酒店员工手册的内容包含劳动条例、计划方法、组织结构、职工福利和劳动纪律等，以此约束、规范酒店所有员工的行为，提高工作效率。员工手册属于酒店内部的人事制度管理规范，涵盖企业的各方面，承载传播企业形象、企业文化的功能。任何酒店组织都应根据酒店自身目标、战略和企业文化，制定出适合本酒店实际情况的员工手册。

第二节　酒店的组织结构

一、酒店组织结构的基本概念

组织结构是描述组织的框架体系，其实质是组织成员间的分工协作关系。组织结构具体又可分为四大内容：一、职能结构。即完成组织目标所需要的各项业务工作及其比例和关系。二、层次结构。即各管理层次的构成，是组织的纵向结构。三、部门结构。即各管理和业务部门的构成，是组织的横向结构。四、职权机构。即各层次、各部门在权力和责任方面的分工及相互关系。

酒店组织包含必不可缺的六个要素：人员、职位、职责、职权、关系和信息。具有一定素质要求的酒店员工，占据某一职位，承担一定职责，行使一定职权，确定明确的相互关系，并借助信息的流通，就形成各种形式的酒店组织。酒店组织结构是这六大要素安排与组合的结果，它对酒店职能的行使和组织效益产生重大影响。

酒店组织是一个由多层次、多部门组合而成的复杂系统。酒店组织结构的设置必须有利于提高酒店组织的工作效率，保证酒店各项工作协调有序地运行；组织结构设计涉及酒店组织的部门划分、组织结构模式等问题。每一家酒店都应在分析酒店自身特点的基础上确定合适的酒店组织模式，形成科学合理的组织结构。

二、酒店组织结构形式

酒店组织结构描述酒店的职权职能与框架体系。常见的酒店组织形式有：直线型组织结构、职能型组织结构、直线职能型组织结构、事业部型组织结构以及矩阵型组织结构。

（一）直线型组织结构

直线型组织结构是企业组织发展早期的一种简单的组织结构模式。典型的酒店直线型组织结构如图 2-1 所示。其特点是：没有职能部门，企业依照从上到下的权力等级划分实施控制与指挥。这种组织结构形式结构简单，权责分明，指挥统一，工作效率高。但由于这种形式没有专业管理分工，要求业务行政领导具有多方面的管理业务和技能。总经理、经理往往忙于日常业务而无法集中精力研究企业重大战略问题。因而，这种形式适用于技术较为简单、业务单纯、企业规模较小的酒店。

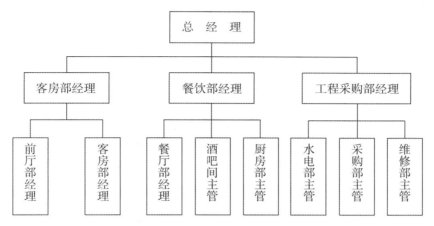

图 2-1　典型的酒店直线型组织结构

（二）职能型组织结构

职能型组织结构是"科学管理之父"泰罗首先提出的，其特点是：按专业分工设置管理职能部门，各部门在其业务范围内有权向下级发布命令，每级组织既服从上级的指挥，也听从几个职能部门的指挥。该种形式易导致政出多门、多头指挥问题，在实践上意义不大，在酒店企业中不多见。

（三）直线职能型组织结构

直线职能型组织结构是我国酒店目前采用最多的一种组织形式。这种组织结构的最大特点是在各级直线指挥机构之下设置了相应的职能机构或人员从事专业管理。

这种组织结构形式最大的优点是具有明确性和高度的稳定性。每个人都有一个"据点"，都了解自己的工作，分工具体，是一种以工作为中心的组织形式。但是，随着环境的变化和企业规模的扩大，这种组织结构的许多问题也逐渐暴露出来。企业中的每个部门或人员只关心自己"分内"的事情，很难理解企业整体的任务并把它同自己的工作联系起来，严重依赖于总经理协调。此外，各部门特别是同级部门为维护自身利益而容易相互推卸责任，形成部门利益。更为严重的是，当企业发展到很大规模时，企业的组织层次会变得很多，内部沟通很困难，加上相互之间缺少有效的协作机制，而使企业变得僵化，无法适应环境变化。

（四）事业部型组织结构

所谓事业部型组织结构，就是一个酒店企业（往往是集团）内对于具有独立的产品、服务和市场、独立的责任和利益的部门实行分权管理的一种组织形态。在事业部型组织结构中，酒店总经理实行统一领导，把酒店各经营部门划分成若干相对独立的经营单位，授予相应的权力，独立从事经营活动，是一种实行集中决策、分散经营的分权组织机构。

事业部型组织结构有利于酒店高层管理人员摆脱日常行政事务，集中精力抓好酒店的经营发展战略和重大经营决策；同时由于权力的下放，酒店对市场的反应能力强，经营管理效率高，有利于提高服务质量和水平。另外，该组织结构有利于培养独立的、全面的主持酒店经营管理工作的高级经营管理人才。其弊端是：酒店各事业部之间容易形成部门狭隘观念，而忽略酒店整体利益；部门之间横向协调差，不利于信息、人才的流动。另外，酒店机构重叠，导致管理费用增加、利益协调困难。事业部型组织结构多用于大型的酒店集团。

（五）矩阵型组织结构

矩阵型组织结构是由纵横两套管理系统组成的组织结构，一套是纵向的职能领导系统，另一套是为完成某一任务而组成的横向项目系统。它把酒店的管理部门分为传统的职能部门和为完成某项专门任务而由各职能部门派人参加联合组成的，并指派组长负责领导的专门小组，任务完成之后，小组成员各自回到原来单位，组织形成一个二元矩阵式的结构。

由于矩阵型组织结构是按项目进行组织的，所以它加强了不同部门之间的配合和信息交流，克服了直线职能型组织结构中各部门互相脱节的现象；在这种组织结构中，酒店各部门机动灵活性强，可随项目的开始与结束进行组织或给予解散；由于酒店员工直接参与项目，而且在重要决策问题上有发言权，这使他们增加了责任感，激发了工作热情。当然，矩阵型组织结构也存在一定的局限，最主要表现为其项目负责人并未赋予真正的职权，责任大于权力，而酒店员工接受部门上级的领导同时又受项目组负责人的指挥，造成双重领导。这种矩阵型组织结构主要适用于服务类型多样、市场变化大、需要不断推出新产品的酒店。

三、酒店的组织结构设置

（一）依据酒店战略设计组织结构

由于酒店形态的多样性和环境的复杂性，因而不存在唯一正确或普遍适用的组织结构，但每个酒店都必须围绕它的使命和战略进行设计，把日常的经营管理、创新和高层管理组合在同一结构中。组织结构要服从于战略，这是组织工作的最重要的准则。从这样的高度来分析，组织设计过程便不限于分工、部门化、层次等次的确定和协调四方面。

（二）不同规模的酒店组织结构

酒店规模大小是进行组织结构设计时必须考虑的一个基本和重要的要素。不同规模的酒店表现出明显不同的组织结构特征。表 2-1 是在不考虑其他因素或假定其他因素相同时，大型酒店与中小型酒店组织结构要素特征的差异。这些结构要素的变化是相互关联的，酒店规模大，直接增加了组织结构的复杂性，一方面分工细化，部门和职务的数量增加；另一方面管理层次也会增加[1]。分工细化的结果是既提高效率，有利于酒店规模的进一步增加，同时又须增加专业人员的比率，增大了协调的工作量，从而使书面沟通和文件数量增加。管理层次增加，促使分权增多，导致对标准化程度的要求上升和中高层领导人员的减少。而协调工作量的增加和标准化的加强，必然引起规范化的提高，使书面文件的数量增加，反过来这又降低了协调工作量，再加上分权有利于中高层领导人员摆脱日常事务，因而带来了管理人员比率的降低。因此酒店规模变大后会引起其组织结构的一系列变化，其中的一些变化又存在因果关系。

表 2-1 酒店规模与组织结构特征

结构要素	中小型酒店	大型酒店
管理层次（纵向复杂性）	少	多
部门和职务的数量（横向复杂性）	少	多
分权程度	低	高
技术和职能的专业化程度	低	高
规范化程度	低	高
书面沟通和文件数量	少	多
专业人员比率	小	大
中高层人员比率	大	小

不同规模的酒店在组织结构的选择上存在一定的差异，不仅如此，即使同类酒店企业，由于各自所处的环境和企业自身特征的差异性，其组织结构也会有所不同。因此，并不存在典型意义上的小型酒店的组织结构或大型酒店的组织结构。

---

① 唐秀丽著：《现代酒店管理概论》，重庆大学出版社 2018 年版。

一般而言，中小型酒店的组织结构相对简单，集权程度较高，对酒店中高层管理人员的协调依赖性较强，多采取直线型组织结构或直线职能型组织结构。而大型酒店管理部门和机构相对复杂，具体的业务或功能也更多，酒店管理者往往对下属较多地分权，这种类型的酒店多采取直线职能型组织结构、事业部型组织结构或矩阵型组织结构。

酒店集团的组织结构更为复杂。酒店集团是多个酒店的联合体，不同于单一独立的酒店企业，也不同于建立在合同基础上的网络组织。产权关系是把众多的酒店联合在一起形成酒店集团的最重要的纽带。按产权关系可以把集团中的酒店划分为全资子公司、控股公司和参股公司，然后结合集团经营战略的需要，确定酒店在集团中所处的层次。酒店集团对其由于管理和品牌而形成的成员酒店并不存在组织结构的要求，酒店集团主要是对其有产权关系的酒店进行组织管理。而集团中酒店部分甚至全部都是独立的法人，因此，如何构建酒店集团与成员酒店特别是紧密层酒店之间的管理模式，便成为酒店集团组织结构的主要依据。对其紧密层酒店，酒店集团应实行相应的统一管理，即统一规划；重大基建项目及技术改造对银行统贷统还；统一对国有资产的保值增值及交易负责；统一任免紧密层的主要领导干部；等等。

第三节　酒店的非正式组织管理

20世纪30年代，美国学者梅奥在芝加哥郊外的西方电器公司的霍桑工厂进行了著名的霍桑试验。该试验包括照明试验、继电器装配工作小组试验、大规模访问交谈和对接线室工作研究四个阶段，梅奥就试验结果进行总结，发现人是社会人，在正式组织之外，还存在由情感等因素连结起来的非正式组织，非正式组织与正式组织相互作用、相互依存。梅奥据此提出了人际关系论，他认为领导要学会在正式组织的经济需求与非正式组织的社会需求之间保持平衡，提高职工的满意度。因此，非正式组织的管理对酒店具有重要的意义。

一、酒店非正式组织的含义及其存在基础

非正式组织是独立与酒店正式组织之外，两个或两个以上员工之间无意识的协调行为的体系，是包含多种心理因素的系统，而尚未上升为形式化、制度化、结构化的组织规范，它是组织中潜在的并在组织运转实践中有自身作用的规范和作用机制。它是由人自发形成的社会组织，往往是基于情感等因素，而不同于正式组织的成本、效率逻辑。

非正式组织是酒店员工多元化需求的结果，也是多种因素共同作用的结果。第一，环境因素。即所处的环境可以提供共同的工作地点和活动场所，以及可自由支配的时间等。这是必备因素，为酒店非正式组织员工之间交流提供了方便。第二，利益或价值观的一致性。非正式组织中，一些员工对工作或工作以外的事情有着共同的或相似的观点和追求，或有共同的利益，容易形成非正式组织。第三，情感的交融。非正式员工对工作和生活有着共同的感受，当酒店一部分员工因对决策层不满时，不满的情感交流则容易形成非正式组织。第四，兴趣和爱好的相似性。因对某一项工作或非工作内容和活动有相似的爱好，会自发形成一些诸如摄影协会、球迷协会等团体。第五，相似的经历和背景，如同学、同乡、亲属等。通过这些因素的分析，酒店管理者可以识别组织内部所存在的非正式组织。

二、正确认识酒店的非正式组织

员工是社会人，有着多样化的需求，因此，酒店非正式组织的存在有其必然性。实际上，正式组织与非正式组织总是并存的，管理者应该承认、研究并重视这一事实。非正式组织对于正式组织的作用既有积极的一面又有消极的一面，主要取决于两者的目标是否一致。当两者的目标相同时，就会产生积极作用，而两者的目标相背时，尤其是正式组织的领导在非正式组织中失去威信和领导力时，就会产生消极作用。

非正式组织的积极作用主要表现在：首先，扩大信息沟通，弥补正式沟通渠道的不足。其次，如果非正式组织和正式组织的基本目标是一致的，则可以减轻领导负担，促进任务的完成。最后，非正式组织通过富有感情色彩的个性化交往，增进了成员之间相互了解，发展了共同兴趣和爱好，满足了多层次的需求，增强了归属感，这有助于促进组织和组织文化的健康发展[①]。

非正式组织的消极作用主要有：阻碍变革、造成角色冲突、传播谣言。非正式组织的领导要维持其领导地位，必须要维护其成员的利益。因此，当组织面临技术革新或进行必要的人事变动时，常常会遭到抵制。如果非正式规范与正式规范相去甚远，如工作目标、定额、评价标准不同，组织成员会面临两套不同的角色期待，从而产生角色冲突，降低组织活动的效率。

三、对待酒店非正式组织的策略

非正式组织是一种客观存在，在某种程度上是正式组织的补充。因而，酒店管理者不

---

① 都大明著：《现代酒店管理》，复旦大学出版社 2014 年版。

应轻率地扣以小集团、宗派主义等而加以否定，而要引导和利用非正式群体，使之成为组织的辅助力量。非正式组织可能带来某些不良倾向，关键在于管理者如何加以引导和克服。

（一）利用非正式组织的正面效应

在实现组织目标时，管理者完全可以利用非正式组织的某些特点，达到正式组织所不能做到的事情。例如，管理者可以利用非正式组织成员之间相互信任、说话投机、有共同语言的特点，引导他们开展批评与自我批评，克服缺点，发扬优点，不断提高思想水平；还可以利用非正式群体信息沟通迅速的特点，及时收集组织成员对组织工作的意见和要求，使管理者心中有数等。

（二）消除非正式组织的负面效应

从组织目标的角度出发，一般来说，松散的非正式组织对于整个组织的发展是有利的，能提升人性化管理，改善组织成员之间关系，创造轻松融洽的工作氛围，激发组织成员的创造性。而当非正式组织逐渐演变成紧密型结构时，其对整个组织发展的危害将不容忽视。组织成员内部及成员和管理者之间的工作关系紧张，存在安于现状、消极怠工的现象，并且组织成员普遍缺乏创新意识，工作效率不断下降，从而无法实现管理目标。一旦出现这种情况，管理者可从以下两方面入手：一方面，加强正式组织的控制力度。非正式组织力量的强大，正说明正式组织的力量的不足。这要求在完善组织结构的严密性和有效性的同时，提高管理人员的管理方式和管理水平。特别是中层管理人员，他们作为高层和基层的桥梁，担负着沟通、执行、控制的角色，对完成组织目标十分重要。另一方面，可以弱化非正式组织的力量。非正式的根源就在于同质化，共同的情感或需求是非正式组织存在和发展的基础，所以管理者要通过职位调动、强调企业文化等手段弱化这种同质化需求，减少非正式组织的负面效应。

第三章 酒店人力资源管理

本章主要介绍人力资源管理的相关概念和理论基础，并对酒店人力资源管理的规划、酒店员工的招聘与甄选、酒店员工的培训与开发、酒店员工的绩效考评等方面做了系统阐述。最后，就酒店人力资源流失问题进行了探讨研究，并有针对性地提出了控制方法。

第一节 酒店人力资源管理基础

一、人力资源概述

（一）人力资源的概念

人力资源的概念是由当代著名管理学家彼得·德鲁克（Peter. F. Drucker）于 1945 年在其著作《管理的实践》一书中提出的。"人"是具有创新、生产和制造能力，并能运用思维而认识、改变环境的高级生物体；"力"是这一高级生物体的智慧力和作用能力。"人力"在《辞海》中为"人的能力"，具体地讲，是人类所具有的体力和脑力的总和，即人的体力、智力和技能等。资源，即资财之源。对于资源的理解，多数学者的观点认为，在知识经济时代，现代意义上的资源由自然资源、资本资源、人力资源和信息资源四部分组成。所谓人力资源，是指一定时间、一定空间地域内的能够推动整个社会和经济发展的劳动者的能力，即处在劳动年龄的已直接投入建设或尚未建设的人口的能力总和。它包括劳动力人口数量和劳动力人口质量，其数量为具有劳动能力的人口数量，质量指经济活动人口具有的体质、文化知识和劳动技能水平。

（二）人力资源的特征

人力资源的特征主要有：①人力资源是"活"的资源，它具有能动性、周期性、磨损性，而物资资源只有通过人力资源的加工和创造才会产生价值；②人力资源是创造利润的主要源泉，人力资源的创新能力是企业的最大财富；③人力资源是一种战略性资源；④人力资源是可以无限开发的资源，目前人们的潜能开发程度与人力资源的实际潜能是很不相称的。

二、酒店人力资源管理概述

（一）酒店人力资源的概念

所谓酒店人力资源，是指一切能为酒店创造财富，提供服务与管理的人及其具有的能力的总和。因酒店自身的特殊性，酒店人力资源呈现出以下特征：

1. 从业人员年轻化

从业人员较为年轻，年龄结构比较合理。中国旅游协会人力资源开发培训中心曾对接受过培训的几十家酒店做过抽样调查，调查结果表明：主管以上的管理人员平均年龄为35岁，酒店员工的平均年龄始终保持在30岁左右。

2. 管理规范化

为适应我国旅游业的快速发展，目前我国旅游酒店都根据自己的经营目标，制定了严格的管理制度，并建立起一套符合我国国情的酒店人力资源管理模式，酒店人力资源管理正在逐步向制度化、规范化、科学化发展。

3. 员工流动率加大，人力资源成本高

在市场经济之下，人们都在追求自身价值，企业间的竞争加剧了人才流动，所以使得员工流动率逐年加大。酒店数量越多，企业间的竞争越激烈，流动率就越高；经济越发达的地区员工流动率越高；学历越高、外语越好、年龄越年轻的员工流动性越高。

（二）酒店人力资源管理

酒店人力资源管理，是指恰当地运用现代管理学中的计划、组织、指挥、协调、控制等科学管理方法，根据酒店的需要，通过合理的录用、配置、激励、培训等手段，对酒店的人力资源进行有效的开发、利用和激励，使其得到最优化的组合和积极性的最大限度发挥的一种全面管理活动的总称，其中包括人力资源的规划、开发和其他管理。

1. 酒店人力资源管理是对人的管理

酒店人力资源管理所直接面对的是个性、习惯、爱好、兴趣等各不相同的员工。酒店管理者必须客观地分析、正确地认识酒店的员工，只有针对人的特点进行培训和教育，才能使员工的素质符合经营的需要。

2. 酒店人力资源管理是全员性管理

全员性管理不仅是指人力资源部对企业全体员工的培训与考核有责任，而且意味着酒店全体的管理人员对下属都有监督和管理的义务。

3. 酒店人力资源管理是科学化的管理

酒店人力资源管理必须建立一整套标准化、程序化、制度化和定量化的管理系统，使酒店考核和员工考核有据可依。

4. 酒店人力资源管理是动态管理

动态管理是指管理者不仅要根据酒店的整体目标选拔合适人才，对酒店员工的录用、培训、奖惩、晋级和退职等全过程进行管理，更要在员工工作过程中重视员工的心理需求，了解员工的情绪变化和思想动态，并积极采取相应措施调动员工的工作积极性，从而使全体员工发挥出潜在的各项能力。

酒店人力资源管理和开发的过程，也是酒店核心竞争力培养的过程，认清酒店人力资源管理的含义，有助于认清我国酒店人力资源开发现状，做好人力资源的管理工作。

三、酒店人力资源管理的基本内容

人力资源管理体系通常由酒店人力资源规划、招聘与配置、培训与开发、绩效管理、薪酬福利管理和劳动关系管理六部分构成，各有侧重点，共同组成了一个有机整体。

（一）人力资源规划

人力资源规划是对酒店的人力资源需求和供给进行有效预测与匹配的过程，其目的在于使人员的供给（无论是内部的还是外部的）在给定的时间内与组织需求相适应，保证随时满足组织在数量和质量上对人力资源的需求。它主要包括组织人力资源现状分析、未来人员供需预测、岗位分析、制订人力资源计划方案. 维持人力资源供需均衡等工作活动。

（二）招聘与配置

酒店员工的招聘与配置是根据职位分析的结果和酒店人力资源规划的要求，为酒店获取所需人力资源的过程，主要是由招募、甄选、录用、评估等一系列环节所构成。选拔和录用合格乃至优秀的员工是酒店占据竞争主动地位的重要环节。

（三）培训与开发

通过在职培训、员工素质和潜能的发掘、员工职业生涯规划的制订，帮助员工提高和改善其知识、技能和素质，增强对酒店的归属感和责任感，更好地实现自身价值，提高工作满意度，从而帮助组织减少事故，降低成本，增加人力资源贡献率，提高生产效率和经济效益。

（四）绩效考核

员工绩效考核是对员工在一定时间内对酒店的贡献和工作取得的绩效，以及在酒店中的所作所为做出测量和评价的过程。绩效考核是控制员工工作表现的有效手段，可以给员工提供工作反馈，促使其扬长避短，改善绩效。员工绩效考核也是员工培训、晋升、薪酬调整等人事决策的重要依据。

（五）薪酬福利管理

薪酬管理包括基本工资、绩效工资、津贴、激励工资（奖金、分红、股权激励）等报酬内容的分配和管理。员工的福利是薪酬的间接组成部分，是酒店为了使员工保持稳定、积极的工作状态，根据国家或地方法律法规或政策，结合酒店经营管理的特点和经济承受能力，向员工提供的各种非工资和奖金形式的利益和优惠措施。员工福利是酒店吸引和留住人才、激励员工努力工作、发挥人力资源效能的最有力的杠杆之一。

（六）劳动关系管理

劳动关系是劳动者与用人组织在劳动过程和经济活动中发生的关系。这一部分的管理要依法订立劳动合同，依法谈判解决劳动纠纷，并充分发挥工会的作用调整劳动关系；要依法实施各种劳动保护制度，确保劳动过程中的员工安全和身心健康，避免工作场所的各种有害因素对劳动者的伤害，维护员工的劳动能力水平。一个酒店的劳动关系是否健康和融洽，直接关系到人力资源开发与管理活动能否有效开展，及酒店的人力资源能否正常发挥作用。

第二节 酒店人力资源规划

一、酒店人力资源规划的概念和特征

酒店人力资源规划是酒店人力资源管理各项活动的基础和起点。有效的人力资源规划不仅能帮助酒店及时获得所需的人力资源，还能防止机构臃肿，降低人力成本，最大限度地优化酒店人力资源的配置。

人力资源规划被称为"HR工作的航标兼导航仪"。酒店人力资源规划，也称人力资源计划，是酒店根据其发展需要和内外部条件，运用科学的方法，对人力资源需求和供给状况进行分析和估计，并制定政策与方案，通过提供具备适当的质量、诚信度和经验的员工来满足酒店未来经营需要的过程。

从上面给出的定义来看，科学的酒店人力资源规划应该具备以下4个基本特征：①酒店人力资源规划的制订必须以酒店的战略目标和外部环境为依据；②酒店人力资源规划必须与酒店战略相衔接，将企业战略和人力资源战略转化为必要的人力资源政策和措施；③酒店人力资源规划必须与未来环境变化相衔接，要与酒店发展各个阶段的目标和重点相适应；④酒店人力资源规划必须与员工发展相衔接，能够同时满足酒店利益和个人利益。

二、酒店人力资源规划的分类

酒店人力资源规划作为一种整体工作方案，必须要把酒店人力资源工作的全局安排与局部措施结合起来，形成既有序又可行的工作方案。

（一）按照规划预期的时间跨度，可分为长期规划、中期规划和近期规划

长期规划一般可用于酒店未来5年以上、10年之内的参考；中期规划一般是未来1年以上，5年以内的人力资源管理工作规范；近期规划则通常是对1年以内的人力资源管理工作做出计划。为了更好地制订人力资源规划，酒店应该注意：对未来本地区酒店业市场的趋势和需求进行预测；确定为满足这一趋势要求所需员工的类型和数量清单；确定酒店规划期内需要的员工类型和数量的清单；确定酒店需要招聘或裁减的员工类型和数量的清单；制订现有员工和准备招聘入职的新员工进行培训与发展计划；以人力资源规划为基础重新审视酒店的总体战略等。

（二）按照所涉及的内容，可分为总体规划与专项业务规划

总体规划是指对计划期内人力资源管理总目标、总政策、总步骤和总预算的安排，它是连接人力资源管理战略决策和人力资源管理职能工作的桥梁。人力资源总规划要通过各个方面的专项业务规划来落实。人力资源管理的专项业务规划，作为人力资源总规划的构成部分，涉及酒店人力资源管理工作的各个领域，它包括酒店人员的补充计划、配置计划、晋升计划、培训计划、考核计划、工资计划、福利计划、退休离职计划、劳动关系计划等。

三、酒店人力资源规划的目标

酒店人力资源规划的总体目标是提高人力资源的配置效率。其具体目标有：得到和保持一定数量具备特定技能、知识结构和能力的人员；充分利用现有酒店人力资源，为人力资源管理的其他各项工作，如招聘、培训和开发等环节提供良好的条件；预测酒店组织中潜在的人员过剩或人力不足的情况，在供求失衡发生之前及时进行有针对性的调整，以降低人力资源的管理费用；建设一支训练有素、运作灵活的劳动力队伍，增强酒店适应未知环境的能力；减少酒店在关键技术环节对外部招聘的依赖性，唤起组织中各个层级人员对人力资源管理重要性的认识。

四、酒店人力资源规划的过程

（一）酒店人力资源规划的分析阶段

1. 对内外部经营环境的分析

作为整个人力资源规划成功与否的关键要素之一，分析组织的内外部环境是酒店人力资源规划的第一步，为其后进行的人员供求分析等工作提供了基础和依据。影响酒店人力资源规划的经营环境因素有很多，进行酒店人力资源规划时要分析酒店经营计划、市场占有率、经营的优势与劣势等，还要对外部劳动力市场进行考察，例如，大中专毕业生的数量和质量，政府有关教育特别是职业教育和就业问题的各种政策。

2. 对内部人力资源的核查

在对外部环境进行分析之后，酒店需要对现有人力资源状况进行分层、分类的分析，确定现有人力资源与酒店实现战略目标所需的人力资源之间的差距。核查内容包括现有员工的数量、质量、结构和岗位分布状况，以及各种劳动生产率指标等。

3. 职位分析

职位分析，又叫职务分析或岗位分析，它是酒店人力资源管理中一项重要的常规性技术，是整个酒店人力资源管理工作的基础。职位分析是指根据酒店工作的实际情况，对酒店各项工作的内容、特征、规范、要求、流程以及完成此工作所需的员工的素质、知识、技能等要求进行描述的过程。

职位分析的主要目的有两个：第一，研究酒店中每个职位都在做什么工作，包括工作性质、工作内容、工作责任、完成该项工作所需要的知识水平和技术能力以及工作条件和环境；第二，明确这些职位对员工有什么具体的从业要求，包括对员工的自身素质、员工的技术水平、独立完成工作的能力和员工在工作中的自主权等方面的说明。从而为选拔和任用合格人员、制定有效的人事预测方案和人事计划、制订人员培训和开发方案做好基础工作，为建立先进合理的工作定额和报酬制度、员工的考核、升职和作业标准提供依据，能够加强对员工的职业咨询和职业指导，提高工作和生产效率。

职位说明书是职位分析结果的文字表达形式，其信息包括：工作名称、所属部门、主要职责、职位要求等基本信息。职位说明书一般分为对内职位说明书和对外职位说明书，对内职位说明书在酒店内部管理、员工升迁或岗位调整时使用；对外职位说明书主要在酒店发布招聘信息时使用。

（二）酒店人力资源规划的预测阶段

人力资源需求和供给预测应该采用定性和定量相结合的方法。这是一项技术性比较强的工作，也是人力资源规划工作的关键。

1. 人力资源需求预测

酒店人力资源需求预测，是根据酒店的组织结构状况和酒店未来的经营业务水平，对酒店所需要的人力资源进行估测和预算，包括预测企业未来生产经营状况、估算各职能工作活动的总量、确定各职能及职能内不同层次类别人员的工作负荷、确定各职能活动及不同层次类别人员的要求量。酒店人力资源需求预测的方法有：直觉预测方法（定性预测）和数学预测方法（定量预测）。服务标准和劳动生产率的改变是影响酒店人力资源需求预测的主要因素。

2. 人力资源供给预测

酒店人力资源供给预测是对酒店未来一段时间内，内、外部各类人力资源补充来源情况进行预测的过程。在进行内部人力资源供给预测时，人力资源部门需要详细评估组织内部现有人力资源状况及其运作模式，即离职率、调动率和升迁率等。企业外部人力资源供给预测主要是指未来一段时间内对劳动力市场上的相关人力资源供给状况进行预测的过程。

3. 制订人力资源供求平衡策略

根据人力资源供求预测的数据，人力资源部门可以对酒店在人力资源质量、数量和结构上存在的不平衡进行比较，从而计算出人力资源净需求。结果通常会出现 3 种情况：①人力资源过剩，即人力资源供大于求。这时酒店可采取的措施主要有减少临时工数量、实行工作分担制、提前退休，甚至解雇等。②人力资源短缺，即人力资源供给小于需求。这时酒店所能采取的就是招聘新员工、加班、晋升、工作再设计等，酒店实习生的选用也是许多酒店解决这一问题常采用的办法。③供求相等，即人力资源供给等于需求。这种情况下，酒店就暂时不需要进行较大的人力资源调整。

（三）酒店人力资源规划的制订阶段

这一阶段主要是根据预测结果结合实际情况，制订相应的人力资源政策与人力资源发展计划，包括具体实施方案，如职务设计方案、职务调整方案、人员补充方案、人员辞退方案、员工培训方案、员工晋升方案、绩效指标设计方案、绩效考核方案、福利方案、薪资和奖励方案等。

（四）酒店人力资源规划的评估阶段

这一阶段的主要工作是评估整个人力资源规划的有效性，是保证人力资源规划的工作效果及实施效率必不可少的重要一环。该阶段的工作要求把各个人力资源职能工作计划，与标志着酒店经营成功的重要衡量标准进行对比，诸如劳动生产率、服务质量、顾客满意度和酒店利润指标等要素。人力资源规划的评价是一项重要的工作，其目的是找出计划与目标之间的差距并分析产生差距的原因，从而改进未来的酒店人力资源规划活动。

第三节 酒店员工的招聘与甄选

一、酒店员工招聘程序

有计划地招聘一定数量的新员工，将新鲜血液输入酒店，是酒店持续发展的重要保证。酒店员工招聘程序一般要经过筹划、宣传、考核、录用与评估等阶段。

（一）招聘筹划

招聘筹划为酒店的招聘活动确定了总体的方向与具体的目标，对员工招聘起着统率全局的作用。它是酒店依据自己所处的经营环境，在充分考虑自身竞争实力与人才资源状况以后制定的综合性决策。因此，酒店高层管理团队必须基于酒店重大决策与长远方向的考虑，在选聘人才与人事政策上达成共识。

1. 确立指导思想

要使酒店的招聘工作卓有成效，必须树立正确的指导思想。酒店员工招聘决策一方面应具有战略眼光与全球视野，关注长期的人力资源供求；另一方面应与酒店实际情况相结合，充分尊重客观情况，对现状进行综合分析与评估，依托科学合理的依据制订员工招聘计划。

（1）投资决策的思想。酒店人员的招聘实际上是企业的一项投资决策，其正确与否将长期影响组织的经营优势，为此必须关注以下方面：第一，确保信息完整、对称与真实。第二，确定与坚持必要的投资准则。在人才招聘上，要树立合理的投入产出观，重引进更重开发，重选人更重育人。第三，构建科学有效的机制。招聘决策者须认真听取各方面的意见，在相互交流、相互尊重与达成共识的基础上，明确招聘目标，确定招聘方案及负责人，实施招聘方案以及建立动态反馈和评估机制。

（2）塑造形象的思想。酒店招聘员工是酒店向社会展示企业形象的过程。在塑造形象时，必须抓好三个关键环节：首先，招聘信息发布及时有效。招聘信息应尽早向特定层次的人员发布，以使更多的优秀人才获得必要信息。同时，相关信息要体现酒店是"以空间吸引人才"的，即酒店将给优秀人才提供理想的政策与平台，而不仅仅以"高薪诚聘"的幌子来吸引"眼球"。其次，招聘进程安排清晰而紧凑。招聘过程应尽可能严谨、高效，相关环节应确保不脱节，时时体现对应聘者的尊重与关爱，如给应聘者提供舒适而宽敞的"等候区"等。再有，招聘工作人员素质良好。招聘人员必须具有一定的亲和力，注意平等待人、有效沟通，以在应聘者心目中树立酒店良好的企业形象，增加酒店对他们的吸引力，并通过他们的口碑，让更多的人向往到本酒店工作。

（3）遵纪守法的思想。遵纪，即遵守行规；守法，即遵守国家法律。在人才招聘的过程中，不要为了"挖人"而"不择手段"，应以行业规则为准，实现公平交易与良性竞争，如以"俱乐部转会"或"调剂"的方式获得所需人才。在人才竞争中，行业规则与法律要求不同，后者具有强制性，一旦违背法律，就要被追究法律责任，因此必须遵守一切相关法律。

（4）市场导向的思想。酒店招聘员工既是企业挑选招聘人才的过程，也是应聘者挑选企业的过程，因此必须遵守市场交易规则，努力在企业与应聘者之间营造双向、平等与共赢的局面。双向互动有助于双方的深入沟通，平等互动有助于构建相互信任的关系，共赢氛围有助于达成真诚合作的结果。

2. 分析供求状况

酒店人力资源的供求情况，直接关系到酒店的招聘政策。要制订科学的员工招聘计划，做好员工招聘工作，首先必须对人力资源供求状况进行详尽分析，以便正确制定员工的招聘标准和政策。人力资源外部供给的影响因素较为广泛，且不易控制，应引起足够重视。与其他服务行业相比，酒店业在吸引优秀人才上没有明显优势。近年来，服务经济在我国国民经济中占据越来越重要的地位，金融、物流、管理咨询等服务业的优势在某些方面已超过酒店业，"人才难招""人才难留"成为许多酒店管理者的一块心病。因此，虽然现有劳动力市场能满足酒店普通岗位对人力资源的要求，但在今后几年都无法改变酒店中高层经营人才的短缺局面。

3. 策划招聘方案

酒店经营者需要根据经营现状、发展目标和社会劳动力资源的情况，确定招聘计划；根据招聘数量的多少与岗位的重要程度确定招聘组织；根据国家有关部门的政策、酒店短缺岗位的任职资格以及酒店人力资源市场的供求情况，确定招聘区域、范围和条件，以及确定相应的人事政策，并据此确定招聘简章。

（二）招聘宣传

发布招聘信息与受理求职者应聘，既是筹划工作的延续，又是考核录用的基础，起着承上启下的作用。这一阶段主要抓好两大环节：一是发布招聘简章，其目的在于使就职者获得及时的招聘信息，并起到一定的宣传作用；二是接受求职者应聘，其目的是通过简单的目测、交谈与验证，确定其是否拥有基本资格，并通过填写就职申请表，了解就职者的基本情况，为下一步的考核录用工作奠定基础。在员工招聘中，尤其是优秀人才的招聘中，一个企业的对外形象往往会起到关键的作用。如果外界对酒店声誉有不好的误解，那么就要注意利用有效宣传，以改变公众尤其是求职者对酒店的不良印象。

1. 发布招聘信息

发布招聘信息就是向可能应聘的人群传递酒店待聘岗位及应聘者任职资格的信息。

（1）招聘广告的制作。招聘广告要达到应有的效果，必须遵循以下原则：①真实。招聘广告的内容必须客观、真实，广告中所承诺的，都应该是酒店有能力不折不扣兑现的。

②合法。招聘广告中出现的信息，必须符合国家和地方的法律、法规和政策。③准确。招聘广告的内容要简洁明了、重点突出。招聘广告一般应包含广告主题、企业介绍、招聘岗位和数量及应聘条件、甄选方法、录用条件、录用待遇、审批机关、报名办法、联系方式等。④独特。其目的是引起人们对广告的注意。现在最有魅力的广告是那些很特别、很有个性的广告，一些关键岗位的招聘广告经常被单独地放在宣传平台的醒目位置上。⑤激发兴趣。兴趣往往来自工作性质本身，如工作内容的丰富性、工作富有挑战性。工作地点、工作环境等也会激发求职者的兴趣。

（2）招聘信息发布的原则。在招聘信息发布上，为了达成预期目标，必须关注以下原则：①广泛性。招聘宣传必须有一定的接触面与影响面。宣传的范围取决于招聘对象的来源。一般来说，招聘宣传的空间范围越大，宣传的时段越长，接收到招聘信息的人员就越多，前来应聘的求职者就越多，选聘到优秀人才的可能性就越大。如为了吸引国外优秀人才的加盟，就必须借助具有国际影响力的媒介。②及时性。酒店战略的其中一个使命是为了实现超越、突破自我，而要达成此目标，就必须审时度势、把握机遇、快速行动。因此，酒店领导者必须根据对市场机会的把握，确定所需的人才类型，并及时向外界发布招聘信息与人才引进政策，这样有利于在人才阵地上取得先机。一旦及时获得适合人才，酒店就能不失时机，快速扩张。③针对性。招聘宣传必须有很强的针对性，即根据招聘岗位与所需人才的类型，向特定对象发布招聘信息。在招聘宣传上，要注意招聘简章对特定对象的吸引力，即工作描述准确，任职资格明确，从而提高员工招聘的效率。例如，大型酒店集团为了满足长期发展对各类人才的需求，《中国旅游报》和在业界享有声誉的旅游杂志都是可供选择的宣传阵地。④经济性。招聘宣传支出在招聘预算中一般占据最大的比例，但能否产生预期效果，则难以准确评估。招聘宣传的广度越大，期限越长，媒介影响力越强，相应的成本就越高。因此，在宣传预算上，必须紧紧围绕招聘目标，尽可能选择经济、高效的宣传手段，而不能单单为了制造"轰动效应"或"塑造形象"，而不考虑投入产出比。

（3）招聘信息发布渠道的选择。在选择招聘信息发布渠道时，必须综合考虑所用渠道的影响力、时效性与经济性。

渠道1：报纸。报纸的优点包括：招聘主题短小精悍，广告内容多少可灵活选择；影响范围集中于某一特定的地域；各种栏目分类编排，便于求职者查找。报纸的缺点包括：时限较短；容易被未来潜在的求职者忽略；集中性的招聘广告信息可能导致发布的信息被其他酒店刊登的竞争性招聘信息淹没；报纸发行对象无针对性，酒店不得不为大量无关的读者付费；报纸的印刷质量较为一般，因此招聘信息可能被优秀的人才所忽视。当酒店想将招聘对象限定于某一地区或者大量工作岗位需要招聘员工时，报纸是较为合适的信息发布渠道。

渠道2：杂志。杂志的优点包括：专业杂志会到达特定的职业群体手中；广告内容多少富有灵活性；广告的印刷质量比较高，易引起优秀专业人才的注意；杂志一般有较高的声誉，会增强招聘广告的可信度；时限较长，求职者可能会将杂志保存下来并多次翻看。杂志的缺点是：发行的地域太广，故当希望将招聘范围限制在某一特定区域时，并不适用；广告的预约期较长，可能会影响招聘信息发布的及时性。当需要招聘员工的工作岗位较为专业时，采用杂志传播信息比较合适。

渠道3：广播和电视。广播和电视的优点包括：不太会被观众（听众）忽略；能够比报纸和杂志更好地将招聘信息传递给不是很积极的求职者；可以将求职者来源限定在某一特定地域内；极富灵活性；比印刷广告更能有效地宣传职位的吸引力；一般不会因广告集中而引起招聘竞争。广播和电视的缺点包括：只能传递相对简单的招聘信息；缺乏持久性，制作的成本相对较高。当需要迅速扩大影响或者岗位空缺有很多种时，可以采用广播和电视的方式。

渠道4：互联网。互联网的优点包括：招聘信息可以尽可能详细；费用很低，速度很快；可以实现即时的双向互动。互联网的缺点包括：很难引起消极的求职者的注意；网络信息的可靠性一般不高；影响力较为有限。

除以上主要渠道外，还有随意传播的信息发布形式。这是有关部门或人员用口头的、非正式的方式进行招聘信息发布的渠道。其主要特点是：费用最低（几乎不用什么费用），可以进行双向交流，速度较快；主要缺点是：覆盖面窄，一般在劳动力市场上明显供大于求，而且所需人力资源层次不是很高时，可以考虑选用这种渠道。

2. 组织报名工作

在组织报名阶段，必须重视报名流程的设计、工作人员的选择以及报名现场的管理。求职者与招聘人员通过直接接触后，求职者会对该酒店形成初步印象。若求职者对酒店及其待聘岗位较为满意，就会进入领取、填写求职申请表阶段。求职申请表是报名阶段需用的筛选技术。不同的企业和招聘对象，在招聘中使用的申请表的具体项目是不同的，但不管何种形式的求职申请表，一般来说都应能够反映以下一些信息：①求职者识别与联系信息，如姓名、性别、住址、电话等；②求职者家庭信息，如婚姻状况、家庭构成、子女情况等；③求职者身体特征，如身高、体重、健康状况、是否残疾等；④求职者受教育状况，如教育水平、学历、职业培训情况等；⑤求职者过去的工作经历及业绩，特别是与欲申请的职位相关的工作经历；⑥求职者个人需求信息，如个人兴趣、爱好、特长、工作意愿、薪酬期望等。

在设计和使用求职申请表时，应注意内容的设计要根据工作描述与任职资格来确定，同时还要注意符合有关法律和政策的要求。

（三）资格审查与初选

资格审查是对求职者是否符合待聘岗位基本要求的一种审查。最初的资格审查是人力资源部门审阅求职者的个人资料或求职者申请表。人力资源部门将符合要求的求职者人员名单与资料移交用人部门，由用人部门进行初选。初选工作的主要任务是从求职者中选出参加面试的人员。由于个人资料或求职者申请表所反映的信息不够全面，招聘人员往往凭个人经验与主观臆断来决定参加面试的人员，带有一定的主观性与盲目性，可能会产生优秀人才漏选的现象。因此，初选工作在费用和时间允许的情况下应坚持面广的原则，即应尽量让更多的求职者参加面试过程。初选的目的就是把明显不符合招聘条件的求职者挡在面试大门之外。这不仅可以节约费用，而且可以节约时间和精力。初选除了目测和简单交谈以初步确定求职者是否符合招聘条件外，还应对求职者的材料进行仔细分析。

（四）考核录用

考核录用阶段是招聘工作的关键，主要包括全面考核和择优录用两项工作。全面考核，就是根据酒店的招聘条件，对就职者进行适应性考查。酒店应根据不同的岗位确定不同的考核方式。一般来说，面试是最基本的方式，实践考试在技术人员的招聘中占据重要地位。管理人员的选拔，可结合多种人才测评技术，如心理测验、无领导小组讨论、角色扮演等。择优录用，就是通过全面评估与精心筛选应聘者，为每个岗位择取最佳者。为了有效地做出录用决策，酒店领导者必须关注以下要点。

1. 招聘考核

招聘考核就是根据酒店的招聘条件，运用各种科学方法与经验方法对求职者进行全面性考核的过程。人和人之间在知识、技能、潜能、个性、工作积极性等方面是存在差异的，这些差异一般可以通过各种招聘考核技术加以识别。因此，只有通过科学考核，才能知道哪位求职者更适合某一特定工作岗位，落选者也能从中了解自己的不足之处。酒店的招聘考核技术主要有三种：一是笔试，二是面试，三是测试。酒店应根据不同的招聘对象，确定合适的考核方式。

2. 录用决策

录用决策，就是把多种考核结果组合起来，综合评定，严格筛选，确定录用者名单，并初步拟定工作分配去向。录用决策的基本要求是：对照招聘要求，参照考核结果，在求职者之间进行全方位比较与衡量。一般可采取权重分析方法，即根据招聘要求，对待聘岗位所需要的各种素质分别赋予不同的权重，然后用加权法求出各个求职者的得分值，具体例子如表3-1所示。在录用决策中，参与决策的人应该少而精，一般为主管经理和部门负责人。同时，录用决策应该快速及时，尤其在紧缺岗位的招聘上，更应快速决策，以防紧缺人才被竞争者"抢走"。

表 3-1　某企业员工招聘考核表

素质要素		加权值	求职者分数			最低标准
			1 号	2 号	3 号	
思想品德（合格/不合格）						
外语水平						
计算机操作能力						
知识	广度					
	深度					
	结构					
专业技能						
工作意愿						
综合素质						
总分						

3. 录用员工

确定录用人员之后，应颁发录用通知书，以体现酒店对求职者的尊重。求职者在收到录用通知书后，应在规定的时间内与酒店签订合同和办理录用入职手续。

（1）通知求职者。通知求职者是录用工作的一个重要部分。通知分为录用通知书和拒绝通知书，前者容易表述，后者则相对较难，这需要有一定的语言技巧才能恰如其分地表达意图。在通知求职者时，最重要的原则是及时性。有些优秀人才之所以会失之交臂，是由于在决定录用后没有及时通知他们。因此，一旦做出录用决策，就应该立刻通知被录用者。

在录用通知书中，应该清晰阐述报到的时间、地点、方式，详细说明如何抵达报到地点和其他应该说明的信息。此外，表示对新员工的热烈欢迎也十分重要，让被录用者知道他们的到来对于酒店经营业绩的提升具有重要的意义，这将有力地吸引被录用者。对于所有被录用的人，应该用相同的方法通知他们。不要有的人用电话通知，有的人用信件通知。同样，应该用相同的方式通知所有未录用的求职者。当然，通知内容的表述需要掌握一定的技巧，总体上应该本着善意、坦率、诚恳的原则。

（2）签订合同。被录用员工进入酒店，一般要经过培训期或试用期，并须签订培训合同或试用合同。培训或试用合同是对员工和组织双方的约束和保障。以试用合同为例，其内容一般应包括试用的职位、试用的期限、试用期的报酬与福利、试用期应接受的培训、试用期的工作绩效目标与应承担的责任、试用期应享受的权利、员工转正的条件、试用期组织解聘员工的条件与承担的责任、员工辞职的条件和应承担的责任、员工试用期被延长的条件等。

（3）安置新员工。安置新员工是酒店考核录用工作的最后一个环节。能否与新员工一开始就构建良好的关系，对于后续人力资源管理工作的开展具有深远意义。一般来说，需要抓好以下几项工作：①做好准备工作。首要是做好日程安排，让新员工感觉他们得到了特别礼遇、新单位办事效率高、领导做事讲究秩序。从新员工的立场，酒店管理者应设身处地考虑他们从事这一工作需要了解什么，准备好所有相关的材料，让新员工能够得到他所需要了解的信息。②表示热烈欢迎。一般情况下，酒店领导者应为新员工举办一个仪式，热情地欢迎他们。同时，应指定一位德高望重的老员工做"向导"，且应保证该员工有充裕的时间可以给新员工提供所需的各种指导和帮助。各位员工的直接上司应及时安排机会，让新员工熟悉即将面临的工作环境，并对他们的加入表示热烈欢迎。③说明重要事项。这项工作无论对于酒店还是对于新员工都非常重要。直接上司还要与新员工商定工作时间，告诉新员工什么时候开始领工资及工资的发放形式，以及让新员工了解酒店的薪酬待遇与人事政策。④展望美好前景。酒店领导者应向新员工讲述企业的发展历程、现状、前景和任务，并且要给新员工全面介绍酒店的基本情况，以及他们将如何影响酒店的运营。最重要的一点是向新员工讲述他们的工作与酒店前景有何联系，以及他们应该如何为酒店做出贡献。在向员工展望美好明天的同时，使新员工对酒店产生归属感。⑤表明工作期望。直接上司需要向新员工说明他们从事的工作以及对他们的工作期望，要真诚地关心新员工即将面临的问题，并给予必要的鼓励与支持。⑥介绍实际工作。直接上司要给新员工提供一次预先了解实际工作情况的机会。如果酒店在员工正式上岗前就已经对工作内容做过详细真实的介绍，就会减少新员工的顾虑。上司要坦率诚恳地指出该工作的积极方面以及潜在的消极方面，让新员工对未来的工作岗位有足够的思想准备。⑦熟悉工作场所。直接上司要带领新员工熟悉工作环境，把他们介绍给同事，让他们体验一下将来的工作场所，告诉他们遇到问题应该怎么办。同时，利用这个机会让新员工与老员工相互熟悉并建立最初的同事友谊。⑧配备良师益友。为了使新员工尽快适应新的工作环境，需要有人提供及时、真心的帮助。因此，为新员工配备良师益友具有非常重要的意义。良师益友可以帮助新员工很快熟悉本职工作，建立良好的同事关系，处理各种工作关系与把握工作重点。许多酒店奉行"老人带新人"的工作方法，取得了非常好的效果，尤其是在市场营销、公共关系部门，这种"老人带新人"的做法就显得更有必要。

（五）招聘评估

招聘评估是酒店员工选拔、招聘过程中不可缺少的一个环节，必须结合酒店情况进行动态跟踪评估。如果录用人员不符合酒店岗位的要求，那么不仅在招聘过程中所花的财力、精力与时间都浪费了，而且会直接影响到相关岗位与部门的工作成效。招聘评估一是要注意招聘结果的成效评估，如成本与效益评估，主要有招聘成本分析、招聘成本效用分析、录用人员数量和质量分析等；二是要注意招聘测试方法的成效评估，如招聘测试的信度评估与效度评估等；三是要认真总结本次招聘的成功与不足之处。最重要的是，要认真评估在关键岗位上是否找到了最为合适的人选。

招聘结果的成效评估包括成本效益评估、录用人员数量评估和录用人员质量评估。成本效益评估主要对招聘成本、成本效用和招聘收益成本比等进行评价。招聘成本分为招聘总成本和招聘单位成本。成本效用评估是对招聘成本所产生的效果进行的分析。主要有以下分析指标：

$$总成本效用 = 录用人数 ÷ 招聘总成本$$

$$招聘成本效用 = 应聘人数 ÷ 招聘期间费用$$

$$选拔成本效用 = 被选中人数 ÷ 选拔期间费用$$

$$人员录用效用 = 正式录用人数 ÷ 录用期间费用$$

招聘收益成本比既是一项经济评价指标，也是对招聘工作的有效性进行考核的一项指标。招聘收益成本比越高，一般说明招聘工作越有成效。

录用人员数量评估主要有以下分析指标：

$$录用比 = 录用人数 ÷ 应聘人员 × 100\%$$

$$招聘完成比 = 录用人数 ÷ 计划招聘人数 × 100\%$$

$$应聘比 = 应聘人数 ÷ 计划招聘人数 × 100\%$$

录用比越小，则说明录用者的素质可能越高；当招聘完成比大于100%时，则说明在数量上全面完成招聘任务；应聘比则说明招聘的效果，该比例越大，则说明招聘信息发布的效果越好。

录用人员质量评估实际上是在录用人员选拔过程中，对其能力、潜力、素质等进行的各种测试与考核的延续。

二、酒店员工招聘途径

酒店员工招聘主要通过两种途径，即内部招聘和外部招聘。酒店应坚持内部培养提升和外部适当引进相结合的办法，以保证酒店人力资源的有效利用和持续开发。

（一）内部招聘

内部招聘是指通过内部各种渠道，选择适合待聘岗位要求的人员，其实质是酒店利用现有的员工来补充岗位空缺。当酒店出现岗位空缺时，应优先从现有员工中物色人选。内部招聘的优点是：①有效激励员工。当酒店强调从内部选拔人才时，其员工就有为取得更好的工作机会而拼搏的动力，这种政策产生的动力常常能够激发员工的积极性和创造性。②降低招聘风险。酒店对内部人员的品行与技能已经有了比较深入的了解，可以减少由于对求职者缺乏足够了解而带来的风险。③降低招聘成本。内部选聘一般可以简化招聘程序，节约招聘测试费用，而且内部人员比外部人员所需要的职业定位时间更短，所需要的培训也更少。④更快适应工作要求。内部员工比较熟悉酒店经营状况，能够很快了解工作流程与适应工作环境。一般而言，内部来源的员工比外部来源的员工离职率要低，但它明显的缺点是人员选择的范围小，易受主观偏见的影响，易产生"近亲繁殖"的现象，可能会使酒店缺少足够的活力，以及不利于吸引外部优秀人才。

1. 内部调动

内部调动一般是指当酒店中需要招聘的岗位与员工原来的岗位层次相同，把员工调到同层次岗位上去工作的过程。酒店员工内部调动的原因主要包括：①酒店组织结构调整，如设立新部门，部分员工被调动到新部门去工作；②员工拥有的能力与工作要求不相适应；③员工对原工作岗位失去兴趣，为了调动其工作积极性，需要安排该员工到感兴趣的岗位上去工作；④为了使员工成为多面手，增强他们的适应能力，对不同岗位上的员工定期地进行轮流换岗；⑤员工在原工作部门出现了较为严重的人际关系问题，为了给他创造新的工作环境，对其进行工作调动。

2. 内部晋升

内部晋升一般由上级主管向人力资源部推荐人选，通过对相应人员的审查、考核、岗前培训等一系列程序，把符合要求的人员安排在高一级的职位上。有效的内部晋升取决于酒店的内部选拔政策，有赖于对员工提供教育和培训，以开发他们的晋升潜力。同时，要使内部晋升计划取得成功，还需要做好以下工作：①确定晋升候选人。考察员工是否具有晋升的资格，必须坚持任人唯贤、用人所长与能级对应等原则。对候选人的个人信息获取，可以通过查阅档案记录来了解该员工是否符合待聘岗位的条件。②测试候选人的管理技能。为了掌握晋升候选人以往的工作表现和发展潜力，必须对候选人进行一些测试，考察其管理能力，即测定其分析问题能力、决策能力、领导能力以及人际交往能力等，以此确定其是否真正具备晋升的潜力。③确定晋升人选。一般是在测试的基础上，利用评分法来确定人选，以将非量化的依据转化为可定量比较的依据。

3. 重新聘用

一些酒店由于一段时期经营情况不好，会暂时让一些员工下岗待聘，当情况好转时，再重新聘用这些员工。酒店经营必须经常面对季节性因素的影响。酒店经营季节性的影响因素主要由气候条件、社交活动、风俗民情、工作模式、突发事件、国家政策等社会因素组成。旅游旺季、节假日以及节庆活动期间往往形成酒店业的旺季。旅游淡季、非节假日及非节庆活动期间则形成酒店业的淡季。酒店业的淡旺不均现象，为酒店员工的合理配置提出了难题。在旅游淡季，游客数量锐减，酒店为了避免更多的经济损失可能不得不精简部分人员，但一旦旺季来临，或者酒店获得了新的发展机会，则会重新聘用暂时下岗的员工。重新聘用的方式能增强员工对酒店的归属感与忠诚度，增强相关利益者对酒店持续发展的信心。

（二）外部招聘

外部招聘是酒店面向外部劳动力市场征集求职者以获取所需人力资源的过程。在内部补充机制不能满足酒店对人力资源的要求时，就需要考虑外部招聘。酒店外部招聘的原因主要包括：没有合适的内部候选人；所需人员属于操作层或不同工种；外部人员能给组织带来新的理念和思维；酒店为发展业务或开拓新的业务，需要补充大量的人手，而内部招聘又解决不了。外部招聘的优点是：①选择余地大。外部招聘具有更为广泛的选择范围与更大的选择余地，可以从更多的求职者当中挑选适合本酒店要求的员工。②增强酒店活力。外部招聘可以为酒店输入新生力量，给酒店带来新的思想，对原有员工也有一定的鞭策作用。③减少人情影响。与内部招聘相比，外部招聘更容易避免原有人际关系网络等因素带来的影响，更有利于公平竞争。④扩大组织影响。外部招聘是酒店对外界进行宣传的好机会，可以借助各种媒介，积极扩大酒店在求职者和公众中的影响，树立良好的外部形象。外部招聘的缺点主要包括：招聘成本高；影响内部员工的积极性；增加评测候选人的困难；需要更长的员工培训时间与工作适应期；可能面临外来者原有工作理念与酒店文化的冲突。

1. 借助网络

21 世纪是网络经济的时代，互联网像一张无边无际的天网，笼罩在人类生活与工作的"上空"，以特有的方式改变人类的思维与观念。据有关部门资料显示，职业网是信息技术中发展最快的部分，网上招聘将成为企业招聘的主要渠道之一。网上招聘的优点是：有多种类型的招聘网站可供选择，信息容量很大，不受版面容量的限制；可通过链接提供多层次、详尽的信息；费用相对不高，覆盖面广、周期长、联系便捷等。网上招聘的缺点是：容易导致招聘竞争的出现；有时广告的真实性难以确认；网站的知名度、吸引到的求职者结构将在很大程度上决定招聘结果的有效性。酒店通过网络招聘人才，既可以通过商业性的职业网站发布招聘信息或寻找合适的人选，也可以在自己公司的主页上发布招聘信息。

2. 借助引荐

酒店可采用人员引荐的方法，即通过组织内外熟悉的人或关联单位的主管推荐合适的人选。由于熟人了解酒店情况与空缺岗位人选的要求，他们会推荐适合招聘要求的人选前来应聘。一般来说，可靠的熟人希望他所介绍的人选是出色的，能够为他争光，而不是给他脸上抹黑。因此熟人引荐的人员可能成为空缺岗位的理想候选人。熟人引荐的招聘方式的优点是：招聘与应聘双方在事先已有所了解，可节约不少招聘环节和费用，尤其对关键岗位的人员，如专业技术人员、主管人员等，常用此法。缺点是：由于是熟人引荐，有时会因碍于情面而影响招聘水平；如果此类录用人员过多，易在酒店内部形成裙带关系，给管理带来困难。

3. 借助会议

随着我国人力资源开发及就业体制的建立与完善，人才市场的逐步形成与规范，各种人才见面会、交流会等也相继增多。酒店应抓住这种时机，广为宣传，塑造形象，积极网罗人才。同时，要注意收集酒店所在地人力资源状况与发展趋势，同行业及其他行业的人事政策和人力资源供求情况，以便知己知彼、有的放矢。

高校毕业生是酒店招聘的重要对象。大部分学生通过系统的学习过程，已经基本掌握酒店经营管理的业务知识，初步具备服务操作的技能，具有素质高、潜力大、容易接受新事物、求知欲强等特点。为了充分展示酒店的实力，招收到旅游管理专业或相关专业的优秀毕业生，酒店可以在学校举办专场招聘会或参加学校组织的校园招聘会。与社会招聘相比，校园招聘的时间较长，从供需洽谈会的见面到人事关系的转移一般需要半年左右时间。

4. 借助"培训"

为了提高自身的素质，越来越多的酒店中高层管理者积极参加各种外部培训班，以更新自己的知识结构，拓展人际关系网与发现新的发展机会。在培训期间，他们可能会接触到各种各样的人才，有些人才可能正是所在单位亟须引进的。因此，酒店管理者应利用外部培训机会，有意识地物色所需的紧缺人才，并借助同学情谊与自身魅力吸引优秀人才加盟。

5. 借助"猎头"

人员招聘，特别是高层管理者、重要中层岗位与尖端技术人员的招聘，是一项专业性和竞争性非常强的工作，有时酒店利用自身的力量往往难以获得合适的人才。因此，酒店可以委托专业搜寻、网罗人才的"猎头"公司，凭借其人才情报网络与专业的眼光和方法，以及特有的"挖人"技巧，去猎取酒店所需的理想人才。猎头公司主要是酒店寻找高级经营人才和专业技术人才的服务机构。猎头公司掌握着酒店业界高级人才的资料，能够为雇主保密，能够帮助雇主一开始就接触到较为适合岗位要求的高素质求职者。拥有超级猎头之称的罗伯特·斯塔克认为，成功的秘诀在于，为客户寻找到最合适的人选，争取一次成功，有时必须宁缺毋滥。

第四节　酒店员工的培训与开发

一、员工培训的概念

员工培训是指酒店为了使员工获得或改进与工作有关的知识、技能、动机、态度和行为，按照一定的目的，有计划、有组织地通过讲授、训练、实验和实习等方法向员工传授服务、管理知识和技能以及企业文化，使员工的行为方式在理论、技术和职业道德等方面有所提高或改进，从而保证员工能够按照预期的标准或水平，完成所承担或将要承担的工作与任务的活动。

员工培训是酒店采取的促进内部成员学习的正式活动，目的是改善成员行为，增进其绩效，更好地实现组织目标。从某种意义上说，员工培训是酒店人力资源增值的重要途径，是维持整个酒店有效运转的必要手段。

二、酒店员工培训的原则

（一）培训目标多元化

培训目标不能单一地只满足酒店经营的需要，而应从酒店和员工双方面着手。从员工角度来说，培训可以使员工明确任务、目标，适应其工作岗位，使员工具有足够的知识、提高工作所需的技能，增加员工的成就感，强化员工的动机，改变他们的态度。从酒店角度而言，培训可以实现酒店变革与发展，使组织更具有生命力和竞争力，传播企业文化，凝聚企业向心力，增强企业创造力。

（二）培训方式灵活化

目前培训方式主要有两种：在岗培训和脱产培训。在岗培训是将新员工分配给有经验的员工或上级去培训；脱产培训是受训者培训期间脱离工作岗位，专门接受培训的培训方式。酒店员工的培训方式应该灵活化。

（三）培训的整体性

1. 培训思路的整体性

培训思路的整体性是指从整体上把握发展现状与发展目标之间的差距，统筹考虑发展战略、组织架构、资源禀赋、企业文化、经营特色、管理能力等因素，确定具有系统性、针对性、前瞻性的人力资源培训总体思路。

2. 培训过程的整体性

培训过程的整体性是指人力资源培训的总体思路应统揽人力资源培训的全过程，贯穿需求分析、计划制订、项目实施、效果评估 4 个阶段的每一个层面、每一个步骤。

3. 培训操作的整体性

培训操作的整体性是指人力资源培训应"分工不分家"，所有运营系统、每个职能部门都要积极支持、不断推动人力资源培训的深入开展，职责分担，成果共享。

（四）培训的动态性

酒店人力资源的数量（存量和增量）和质量（总体质量与个体质量）都是动态变量，人力资源培训应充分体现动态性原则。酒店要关注旅游产业、酒店行业的总体发展态势和趋势，从打造和巩固自身的核心竞争力出发，建立"全员性、低重点、高视点、最优化"

的动态培训体系。

（五）培训程序科学化

科学化的培训程序有助于酒店员工的迅速成长，可使酒店通过最有效的途径达到提升员工素质的目的，节省成本。

三、酒店员工培训的主要内容

（一）态度培训

态度培训就是酒店员工的服务意识与职业道德培训。酒店工作的特点决定了员工应有良好的服务意识、高度的责任心和职业道德感。该项培训的关键在于深入挖掘员工服务中有关服务意识和职业道德方面存在的问题，通过宣讲企业文化、树立服务榜样、剖析典型案例等形式，使员工从根本上重视职业道德，提高服务意识。同时还应该注意树立酒店与员工之间的相互信任，培养员工的团队精神，增强其作为酒店一员的归属感和荣誉感。

（二）技能培训

服务技能技巧的培训是员工培训的主要内容，它直接关系到各项服务工作能否依照标准完成，并保证令顾客满意。技能培训着眼点是进一步提高和增加员工现有的技能水平，强化和拓展员工的各项能力。通过这方面的培训，应该使员工掌握完成本职工作所必备的技能和技巧，包括一般技能和特殊技巧。客房部服务员客房清洁工作培训、做床培训，餐饮部服务员摆台、上菜撤盘培训，前台服务员接待程序、检验信用卡培训等都属于技能培训。餐饮部服务员看台、前台服务员处理疑难问题等方面的培训则属于服务技巧培训。

（三）知识培训

知识培训主要是以知识为对象的培训，包括新员工的入职培训、员工的礼貌礼仪培训、酒店的各部门知识技能的培训等，目的是帮助员工获得更多的知识，对员工素质的提高起着潜移默化的作用。一位合格的酒店服务员应该扎实地掌握酒店服务礼仪、本岗位基本常识；熟悉主要客源国的政治、经济、地理、民族风俗习惯；了解酒店各项服务措施，懂得顾客消费心理知识等。

（四）外语培训

外语培训是酒店最普遍的培训，应保持全年坚持不断。随着世界经济一体化的进一步发展，酒店的顾客已经实现了国际化。酒店的英语培训就是要让员工能够用英语为宾客更好地提供服务，实现英语环境工作无障碍。

（五）管理知识培训

酒店管理知识的培训，多为管理层员工开设。酒店的管理层主要指主管、部门经理等。该部分的培训可提高受训者与人沟通的能力、领导能力以及作为管理层员工必备的心理素质。

（六）应急知识培训

酒店应急知识培训，主要涉及消防知识、急救知识和突发事件处理等方面。

四、酒店员工培训的方法

（一）讲授法

讲授法是传统模式的培训方法。酒店培训中讲授法主要表现为主题讲座形式。优点是同时可实施于多名学员，不必耗费太多时间和经费。缺点是表达上受到了限制，员工不能主动参与，只能被动、有限度地思考。这种方法的关键是如何让员工自始至终保持学习兴趣。

（二）讨论法

讨论法是对某一主题进行深入探讨的培训方法，其目的是解决某些复杂的问题或通过讨论的形式使众多受训员工就某个主题进行沟通，达到观念看法的一致，如酒店对"如何处理客人投诉"主题的培训就可以用讨论法进行。参加讨论培训的员工人数不宜超过25人，也可分为若干小组进行讨论，讨论会的主持人要善于启发员工踊跃发言，引导员工想象力的自由发挥，还要确保参加讨论的员工对讨论结果有较统一的认识。

（三）职位扮演法

职位扮演法又称角色扮演法，是一种模拟训练方法。这是一种将学习与兴趣结合起来的教学方式，可由三四名服务员扮演顾客与服务员，其他人可以提意见，有时可同时表演正确的和错误的操作方式。如客房服务员可示范整理床铺正确与错误的情况。这种方法适用于实际操作或管理人员，通过角色扮演发现及改进自己的工作态度和行为表现。

（四）专业指导法

专业指导法就是酒店指定有经验的服务员带领新手，给新员工以专人指导，是一种循序渐进的方式。新员工在工作中得到老员工的肯定和赞许会增加其工作的自信心，这样就可在正式当班时有令人满意的工作表现。

（五）对话培训法

对话培训法就是将服务员与顾客间的对话录下来，将其中缺乏礼貌、态度粗暴、不懂业务、不懂销售常识等的对话制成幻灯片，在培训课上放映出来，进行讨论。对话训练的目的就是让员工学会在工作中遇到典型情景时，如何使用最佳的对话，从而为旅客提供优质服务，增加酒店收入。这种训练能使新员工在第一次碰到类似问题时就能正确处理，从而增强工作信心，提高工作能力。

（六）自学指导

自学指导即编制自学指导材料，系统地对一项工作进行详细描述，列出其任务及完成任务的方法。有的酒店制定出工作指导材料后，发给新员工阅读，过几天进行测验，可以使训练正规化和系统化。

第五节　酒店员工的绩效考评

一、酒店员工绩效考评

绩效考评是指在一个绩效期结束时，酒店运用系统合理的考评标准与方法，对每个员工的工作态度、工作行为与工作结果进行客观、公正评价的过程。酒店要建立有效的绩效考评体系，就必须明确考评的目的与要求，合理确定考评主体与考评周期，选择科学的考评标准与方法。

（一）绩效考评目的

酒店结合员工的岗位职责和绩效目标，对照衡量员工的工作态度、工作行为与工作结果等情况而确定其绩效水平。科学地运用员工绩效考评结果，可以使员工与酒店均得益。

绩效信息必须完备，且及时收集与整理，否则某些考评结果将因失去时效性而无法达成预期目的。一般来说，绩效考评的目的包括三方面，即战略目的、管理目的、开发目的。

1. 战略目的

绩效目标的设定犹如方向的确定，目标设置不合理，对员工的引导效果必然犹如南辕北辙。绩效考评应当为实现战略目标服务，必须与酒店战略要求相一致，应该使员工的注意力集中在能实现战略目标的关键因素上。所设定的绩效目标及指标能引导员工展现组织所期望的行为和结果，最终可以比较顺利地实现组织目标。因此，绩效考评的标准、目标与指标应该具有一定的弹性，以便于战略性调整。

2. 管理目的

绩效考评结果能够反映员工、部门与组织整体的绩效水平，成为酒店人事决策的基本依据。在考评过程中，主管人员必须力求以客观的态度来评价员工的能力。通过建立科学的考评制度，酒店人力资源管理部可以积累可靠的人事管理资料，为公平而合理地制定员工的晋级、调职、加薪、惩戒或辞退等一系列人事决策提供确切的事实依据。

3. 开发目的

绩效考评的重要目的之一就是能为员工的职业发展提供有效指导。根据员工完成绩效目标的情况，可以识别员工的优势与弱点，为员工的培训与开发提供方向。绩效考评为酒店相关部门分析培训需求、制订培训计划提供了依据。员工绩效考评是员工工作表现的总结，也是酒店培训工作成效的反馈。员工绩效考评能够发现员工需要提升的能力，尤其对于管理人员，可以发现他们在人际冲突管理、计划、监督、预算能力等方面的欠缺，从而为培训与开发方案的设计和实施奠定基础。

（二）绩效考评要求

为了确保绩效考评体系发挥激励与约束员工的作用，应注意以下要求。

1. 重"目标"

作为绩效管理系统的关键子系统，绩效考评体系的首要任务就是将全体员工的行为和努力引导到组织目标的实现。因此，绩效考评要紧紧围绕绩效期初制定的绩效目标。绩效考评体系是根据酒店的战略目标和近期目标制定的，绩效考评过程也是对员工的不断指导、监督、鞭策与激励的过程。总而言之，绩效考评要能够有效引导员工的行为，使每个员工的方向与酒店的发展方向保持一致。

2. 重"过程"

结果固然重要，但过程同样重要。改进和提升组织与员工的绩效水平是绩效管理的重要目的。所以，酒店管理者必须引导员工关注工作过程，重视过程中对员工的指导。绩效考评不仅仅指绩效期末的评价，还包括在绩效期间进行绩效观察、沟通与收集有关资料的过程。首先，绩效评价往往以一系列表格或报告来反映，但这些都不是空穴来风、无根浮萍，而是通过绩效期内不断的沟通与观察得到的各种信息的汇总。其次，管理者不应被表格与报告显示的结果蒙蔽眼睛，最重要的应该是如何分析、整合、运用有效的绩效信息，或是追本溯源，探究绩效优劣背后的原因。若管理者只停留在区分不同员工的绩效水平，就难怪员工只注重自己的绩效等级与薪酬待遇之间的关系了。最后，管理者要注重现场管理，但要避免将走动式管理搞成简单的突击检查，而应该是针对员工工作中遇到的问题与困难，提出建议与指导，帮助员工改进工作方法，提升工作能力，提高工作绩效。

3. 重"公平"

在绩效考评中，酒店要做到结果、过程、信息以及交往的公平性，即全方位的公平性。结果公平性，指员工对自己所得到的考评结果是否公平的评价。过程公平性，指员工对酒店绩效考评的程序与方法是否公平的评价。一般来说，员工主要依据考评制度的公开性、管理人员与员工的双向沟通程度、员工参与考评制度设计的程度，以及内部申诉程序等来评估酒店考评过程的公平性。信息公平性，指管理者在提供考评信息、解释考评管理决策过程与结果时，员工感知到的公平性。交往公平性，指员工对管理者在绩效考评过程中对待员工的态度和方式是否公平的评价。交往公平性评价的维度主要包括：（1）沟通。管理人员是否有效地向员工解释绩效考评政策以及做出相应考评结果的依据。（2）真诚。管理人员是否真心实意地坚持公平的绩效考评程序。（3）尊重。管理人员在绩效考评工作中，是否礼貌地对待员工，有无伤害员工的尊严和自尊心。因此，为了保证绩效考评的公平性，酒店要坚持以事实为依据，坚持客观的评价标准，努力减少或避免考评者主观意愿的影响，以真实地反映员工的绩效水平。

4. 重"沟通"

管理者与员工之间的双向沟通应贯穿于绩效考评过程的始终。考评初期，双方应通过互动沟通确认绩效目标和考评方法；考评期间，双方应建立并保持畅通的沟通渠道，及时交流意见；考评结束后，双方要正式面谈，就考评过程、成绩、问题以及改进措施进行有效沟通。任何考评制度都不可能完美无缺，因此，员工对考评制度有意见也是很正常的。酒店要听取员工的反应，根据员工反馈进行及时修正。绩效考评过程为酒店管理层与员工提供了一次有效的直接沟通机会。酒店应促进人力资源部与各级主管对员工实际情况的深入了解，减少不必要的误会，营造融洽的工作气氛。

二、绩效考评主体

绩效考评主体是指对被考评者做出评价的人。绩效考评主体的选择会影响绩效考评效果的信度与效度。合格的绩效考评主体应当满足的理想条件包括：了解被考评者的岗位性质、工作内容、工作要求；理解考评要求、考评标准、考评方法及酒店有关政策；熟悉被考评者本人，尤其是深入了解被考评者本考评周期内的工作表现，最好有近距离密切观察其工作的机会；公正客观，对被考评者不存在偏见。因此，为了保证绩效考评结果的公正性与精确性，考评主体应该对被考评者的表现有比较全面的了解，要熟悉被考评者的工作内容与工作要求，并能够做出客观的评价。从绩效信息来源的角度，可能的绩效考评主体包括员工本人、直接上级、平级同事、直属下级、顾客等。不同的绩效考评主体具有不同的特点，在绩效考评中承担了不同的考评责任乃至管理责任。绩效考评主体的选择在很大程度上取决于绩效考评的内容与目的。

（一）员工自评

员工自评能够增强员工的参与意识，促进员工的潜能开发，减少员工在考评过程中的抵触情绪。当然，员工有可能倾向于高估自己的绩效水平，与上司的考评结果常常有一定差距，因此如何看待员工自评与其他考评结果的差异是关键。管理人员可以通过这些差异，更为有效地与员工进行绩效沟通。

1. 何谓员工自我评价

员工自我评价是指让员工对自己的工作绩效进行评价的方式。员工可以根据自己在工作期间的绩效表现，评价自身能力和设定未来目标。员工自我评价是员工深入认识自我的过程。员工其实最为了解自身的优势与不足，因此自我评价对员工提升自我与改进绩效具有重要意义。当员工对自己进行评价时，通常会降低自我防卫意识，从而了解自己的不足，找到改进的方向。为了使员工的自我评价更为客观、更具价值，酒店管理者必须尽力避免员工自评时最易出现的三种不良倾向，即自夸、自批、自圆。

（1）自评而非自夸。如果不设定科学的考评标准与客观的考评依据，员工在自我评价中往往会高估自己，评价结果常常过于主观、失去公正。心理学的研究表明，大多数人都有"自我优越幻觉"，即自我感觉过于良好，甚至大大高于他人对自己的评价。因此，在员工自评中，经常陷入的误区是"自评变成自夸"，即尽力给自己写出比较好的评语，努力夸大自己工作的重要性及在团队中的影响力。

（2）自评而非自批。鉴于自评中常出现"自己标榜自己"的倾向，有些管理者要求员工在自评中要深刻反省自己，要重点总结自己存在的问题，要深刻剖析产生问题的内因，甚至规定一定要列出自己存在的多少问题等。如此导致的结果是"自我评价变成自我批评"，甚至把"自我述职会"变成"自我批斗会"。勇于自我批评本来是一种积极的表现，但过于强调缺点、忽略优点的自我评价则会产生非常消极的后果。

（3）自评而非自圆。自评的目的是增强员工的参与意识，使绩效考评结果更具建设性，因此还应努力避免"自我评价变成自圆其说"的误区。侧重自夸、自批的自评行为非常不可取，但对于"自圆其说"的做法却得到许多酒店管理者的默认。因此，在员工自评中常出现"成功源于内因，失败源于外因"的现象，即将工作绩效的优异方面解释成自己努力与表现卓越的结果，将工作中存在的重大问题归咎于外部环境的影响。

2. 如何进行自我评价

为了有效地指导员工进行正确的自我评价，且使自评的结论在员工之间具有可比性，管理层必须在整个酒店范围内积极创造员工自评的舆论氛围，并从制度上保证员工的自我评价具有较高的利用价值。其中一个比较有效的方法是设计员工自我评价的提纲，如酒店员工在进行自评时可以参考以下提纲。

◇我的长处与优点何在？

◇我的短板与弱点何在？

◇我的兴趣与爱好何在？

◇我的自我管理能力如何？

◇我如何才能发挥自己的长处？

◇我的工作任务是什么？应该是什么？

◇我的工作贡献是什么？应该是什么？

◇哪些坏习惯阻碍自身能力的最大发挥？如何改进？

◇哪些关键因素影响我有效达成绩效目标？如何改进？

◇我和同事相处得如何？我喜欢团队工作还是独自工作？

◇有问题产生时，我愿意与别人沟通吗？别人愿意与我沟通吗？

◇有棘手问题出现时，尤其在遭遇重大挫折时，上司、同事与下属肯伸出援助之手吗？在他人遭遇难题或酒店发生危机事件时，我积极主动帮助他人或承担任务吗？

（二）绩效考评方法

在选择绩效考评方法时，酒店必须注意适用性，即所使用的方法能衡量员工的绩效。人力资源专家一直致力于开发科学的考评方法，但迄今为止，还没有完全满足实践要求的方法。以下是常见的绩效考评方法。

1. 简单排序法

简单排序法是指考评者根据统一的标准对所有员工按绩效表现进行从高到低的排序。这种方法简单明确，易于理解和执行。但只适用于人数较少的团队，而且也不适用于在工作性质存在明显差异或者不同部门的员工之间进行排序。

2. 配对比较法

配对比较法又称两两比较法，是指考评者将每一位员工按某项绩效要素与其他员工进行比较，统计每一位员工与其他员工比较时被评估为"更好"的次数，并根据次数的多少给员工排序。如 A 与 B 相比，A 在这项绩效要素上比 B 好，则 A 得到一个"+"，然后将每一位员工得到的"+"的次数汇总，排出员工的顺序。这种方法在一定程度上可以增加考评结果的客观性，但也存在明显的弊端。当被考评的员工人数比较多的时候，考评者的工作量会非常大。当评估 N 个员工时，需要比较的次数为 $N（N-1）/2$，这在绩效考评实践中显得过于复杂。

3. 人物比较法

人物比较法是指考评者将所有员工与标杆人物进行比较，从而得出员工考评结果的方法。在绩效考评之前，酒店要先挑选出标杆人物，而考评者则按照标杆人物的各方面表现，将其他员工与之比较。这种方法设计成本低、使用方便，对于刺激员工积极性也有很好的作用。榜样的力量是无穷的，但标杆人物的挑选是其中的难点。

4. 数据考评法

数据考评法是指根据被考评者的现实表现和成果，运用统计分析的数据，得出考评结果的方法。该方法以可量化、可监测的绩效项目为考核指标，以日常记录的客观数据为依据，通过更客观的标准（如销售额、利润率、出勤率、跳槽率等）来评估绩效。一般由人力资源与财务等职能管理部门负责实施。在酒店中，数据考评指标一般是指能反映员工工作状况的量化指标，如出勤率、顾客投诉次数、器皿损坏个数、酒水销售杯（瓶）数等。当员工的绩效考评指标基本被量化时，孰优孰劣也就有了较为充分的依据。

5. 量表评等法

量表评等法是指先确定绩效考评的指标，并确定每个考评指标的权重，根据被考评者的表现，将一定的分值分配到每一个考评指标上，最后加总得出被考评者的绩效评分。如考评酒店前厅服务员的工作绩效时，其考评指标一般包括服务态度、服务技巧、服务效率、团队协作、仪容仪表、组织纪律、推销技巧与学习能力等，具体如表 3-2 所示。量表评等法成功的关键是考评指标是否设计科学、合理且得到员工的认可。需要引起关注的是，每项考评指标都不应是针对员工个性的评价，而应是针对员工工作行为的评价。

表 3-2　酒店前厅服务人员评估表

考评指标	评分标准	权重	评分
服务态度	5分：优秀（最好员工表现）		
服务技巧			
服务效率	4分：良好（超出所有标准）		
团队协作	3分：中等（满足所有标准）		
仪容仪表			
组织纪律	2分：需要改进（某些地方需改进）		
推销技巧	1分：不令人满意（不可接受）		
学习能力			
得分			

6. 行为锚定等级评估法

行为锚定等级评估法是关键事件法的深化，以工作行为方面的事实为依据来评估员工的绩效。这种方法通过一张行为等级评定的表格将各种绩效加以量化，将各种等级的绩效水平用具体的工作行为加以描述。建立行为等级评估量表通常按照以下步骤进行：①选取关键事件。相关人员对能够反映良好绩效或不良绩效的行为进行描述和记录。②提炼主要的绩效考评指标。从收集上来的关键事件中提炼出评估各个行为等级的要素。③将关键事件分配到各个等级的绩效指标中。把每个关键事件放到最合适的绩效要素中去，最好由专业的人力资源专家负责完成该步骤。④评定关键事件的代表性。对每个关键事件进行评定，看其是否能够有效代表某一等级的绩效水平，最后按优劣顺序确定绩效等级。⑤确定最终的绩效考评体系。对于每一个绩效等级，都会有与之相对应的关键事件。具体例子如表 3-3 所示。

行为锚定等级评估法能够较为准确地对员工的绩效进行评估，特别是一些办公室事务类或客户服务类等绩效结果不能明确衡量的岗位。此外，也可据此引导员工的行为，并且作为绩效辅导的依据。虽然此种做法需要花费较多的时间，且必须以日常的行为记录为基础，但该方法能够有效改善员工的行为，在酒店行业有着一定的应用价值。

表 3-3　客户服务人员绩效评估表

客户服务人员行为	绩效等级（1~6分）
经常替客户打电话，给客户做额外查询	6分
经常耐心帮助客户解决非常复杂的问题	5分
当遇到情绪激动的客户时，会保持冷静	4分
若不能查到客户所需信息时，会告诉对方并致歉	3分
忙于工作时，常忽略等候的客户，时间达数分钟	2分
遇到事情时，就说这事跟自己毫无关系	1分

7. 行为观察法

行为观察法是指在确定一系列与工作绩效有关的特定行为的基础上，考评者根据员工各项行为的出现频率来评估其工作绩效。行为观察法是在关键事件法与行为锚定等级评估法的基础上发展而成的。它与上述方法的相同之处是：用一些与工作绩效紧密相关的特定行为作为考评指标。它与上述方法的不同之处在于：着重于观察员工做某项特定行为的频度。行为观察法的优点是直观、可靠，员工更容易接受考评结果，且能够有效促使员工改善绩效。其缺点是考核表复杂，工作量大，可操作性差。具体例子如表3-4所示。

表 3-4　中层管理者管理技能评估表

考评指标	评分标准（行为频度）	权重	评分
认可员工优秀表现			
告知员工重要信息			
有效管理工作时间	5分：总是		
适度检查员工工作表现	4分：经常		
为员工提供培训与指导	3分：有时		
给员工提供必要的帮助	2分：偶尔		
向员工清晰说明工作要求	1分：极少或从不		
主动征求员王对自己工作的意见			
及时发现员工工作中出现的问题			
得分			

三、酒店绩效反馈

绩效反馈是绩效管理的关键环节，对于改进与提升员工绩效具有至关重要的作用。酒店管理者通过与员工一起回顾和讨论绩效考评的结果，可以让员工理解绩效考评意义，积极接受绩效考评结果，以及形成绩效改进计划。本节将针对酒店人力资源管理的特点，探讨绩效反馈的概念、意义和内容，了解绩效反馈的准备工作以及绩效反馈的原则与技巧。

（一）绩效反馈概述

绩效反馈是一个非常复杂的过程，常常令管理者无从下手，让员工感到焦虑。特别是在传递负面信息的过程中，管理者与员工都会感觉到痛苦。管理者把绩效考评的结果以一种合理有效的方式传达给员工，有利于激励员工与改善绩效。一旦方法运用不当，员工就会产生抵触心理，导致士气下降。因此，管理者应该把握绩效反馈的内涵。

1. 绩效反馈的概念

绩效反馈是指管理者向员工提供绩效考评结果的信息，通过交流和沟通，给员工必要的指导和建议，让员工意识到工作中的潜在障碍和问题，并共同商讨解决问题的措施，以改善员工绩效的动态过程。酒店管理者不仅要把绩效反馈给员工，还要与员工一起确定下一步计划，即员工下一步要达到的绩效目标与实施步骤。管理者可以通过书面报告、定期面谈、团队会议与非正式沟通等途径，向员工反馈绩效考评结果。管理者要根据对象的不同，选择有针对性的反馈途径，并以积极的方式结束反馈过程。

2. 绩效反馈的意义

绩效考评能否对酒店绩效与员工绩效的改善产生积极作用，主要取决于绩效反馈的效果。绩效反馈的重要意义主要体现在以下三方面。

首先，有效的绩效反馈对整个酒店绩效管理体系的完善起到了积极作用，为提高酒店绩效提供了保证。有效的绩效反馈可以使员工相信绩效考评体系是公平、公正、客观的。由于绩效考评与酒店员工的切身利益息息相关，考评结果的公正性就成为所有员工关注的焦点。而考评过程是考评者履行职责的主观能动行为，考评者不可避免地会掺杂自己的主观意志，导致这种公正性不能完全依靠制度的规范来实现。绩效反馈较好地解决了这个矛盾，不仅使员工拥有知情权，更有了发言权；同时，有效降低了考评过程中不公正因素所带来的负面效应，在员工与考评者之间找到了结合点与平衡点。

其次，有效的绩效反馈可以使员工意识到自己工作中的不足，真正认识到自己的潜能，从而采取积极的行为改进工作与完善自我。当员工接收到考评结果通知时，在很大程度上并不了解考评结果的得出过程，这就需要管理者就考评的方式，特别是员工的绩效情况进行详细说明，指出员工的优缺点，并向员工提出绩效改进建议。

最后，有效的绩效反馈可以促进酒店管理者与员工的相互沟通，增强相互信任感，建立员工与管理者之间良好的人际关系。管理者能够通过发现员工的不足以及指导员工解决问题，与员工实现共同进步。在绩效反馈过程中，酒店管理者需要对员工的工作表现进行全面客观的了解，以便能够恰如其分地评价员工的工作，能够适当地对员工进行激励和辅导。这就要求管理者提高自身素质，掌握绩效反馈的方法与技巧。

3. 绩效反馈的内容

绩效反馈的内容主要包括：与员工深入交流绩效考评结果；分析员工的绩效差距；协商下一考评周期的绩效目标；制订绩效改进计划；进行有效的资源配置等。

（1）绩效交流。在绩效反馈过程中，管理者不仅要把绩效考评的结果及时准确地通报给员工，使员工明确其绩效表现在整个组织中的作用与地位，激发其改进现在绩效水平的意愿，还要就绩效考评的结果进行沟通，以便双方达成一致的意见，制订下一步的绩效改进计划。对于同样的考评结果，管理者与员工可能会有不同的看法。因此，在进行绩效沟通时，管理者要关注员工的长处，耐心倾听员工的声音，并适时调整员工的下一期绩效指标。

（2）绩效分析。管理者有责任帮助员工改进绩效水平。在绩效反馈过程中，管理者应针对员工的工作行为与工作结果，提出具备可操作性与指导性的改进措施，而有效的改进措施则源于对员工实际绩效与绩效目标之间差距的准确分析。管理者在平时的工作中要注意记录员工的关键行为，分类整理，如分为高绩效行为与低绩效行为。管理者可以通过肯定与激励，使员工认识自己的成绩和优点，使员工明确获得良好绩效的缘由，强化员工的高绩效行为；通过引导与鞭策，使员工认识自己的绩效差距与劣势，使员工明确造成绩效差距的原因，改进员工的低绩效行为。

（3）绩效改进。管理者和员工就绩效考评结果达成一致意见后，就可以一起制订绩效改进计划。在绩效反馈的过程中，管理者与员工能够充分沟通绩效改进的方法和具体计划。管理者应鼓励员工提出自己的绩效改进计划，并说明需要组织提供怎样的支持。在此基础上，管理者一方面就员工如何改进绩效提出相应的建议，另一方面协助员工制订明确的绩效改进计划。在绩效改进计划制订之后，管理者需要向员工提供必要的辅导与支持。

（二）绩效反馈准备

通过面谈的形式将绩效考评结果通报给员工，是绩效反馈的主要形式，也是最直接、最有效的形式。以下主要从绩效反馈面谈的角度，谈谈如何开展绩效反馈的准备工作。

在对员工进行绩效考评后，管理者应将绩效信息及时准确地反馈给员工，帮助他们认识绩效差距与改进工作方式。绩效反馈给了管理者和员工一个相互沟通的机会。双方在一个比较平等的地位上探讨以往工作中的成功与不足之处，并挖掘工作中提高和发展的机会。在绩效反馈之前，管理者和员工都要进行细致的准备工作，以保证反馈过程的顺利进行。

1. 管理者的准备工作

很多管理者对绩效反馈不够重视，认为自己对员工有足够的了解，没有必要进行充分的准备。但是，在反馈过程中，往往会发现自己不够了解各项情况，缺乏准备甚至会导致绩效反馈的失败。只有每项工作都准备充分，管理者才能更好地驾驭整个绩效反馈的局面，使之朝着积极的方向发展，而不是陷入尴尬的僵局。同时，通过相互交流，管理者能更深入地了解员工的情况与绩效管理的效果，不仅有助于整个绩效管理体系的改进，而且有助于今后的日常管理。

（1）收集相关资料。在进行绩效反馈之前，管理者要收集足够的资料，以保证绩效反馈的顺畅开展。所需资料包括目标责任书、任职资格说明、绩效考评表、员工日常工作记录等。

（2）目标责任书。目标责任书包含绩效目标与绩效标准等，记载着目标责任者承担的目标内容、目标值、完成的期限以及需要管理者给予的权限和提供的条件，还有根据目标实现的程度实施奖惩的办法等。在绩效反馈过程中，要以目标责任书为重要依据。

（3）任职资格说明。任职资格说明是人力资源管理最基础和最重要的文件。由于环境的变化，酒店的战略目标与业务流程需要进行修正，因此员工的部分绩效目标与具体工作要求必须进行相应调整。一般来说，员工的任职资格说明是调整的主要依据，也是绩效反馈的基本依据。

（4）绩效考评表。管理者要仔细查阅作为绩效反馈的主体内容的绩效考评表，从中找出需要反馈的内容和侧重点。绩效考评表要经过员工的签字认可，这表示员工接受了本次绩效考评的结果，在进行绩效反馈时也就有了基础。管理者不能泛泛地翻看绩效考评表，而要认真分析其中的信息。通过员工的绩效考评表，管理者可以明确员工的成效与不足。

2. 拟定反馈提纲

酒店管理者应针对即将进行的绩效反馈制订一个计划，包含拟定反馈提纲、安排时间地点等，以便将反馈过程掌握在可控范围之内。在绩效反馈开始之前，管理者需要制定简要明确的反馈提纲。反馈提纲应该包括大体的反馈程序和进度、反馈的具体内容、反馈的侧重点，以及每部分所需时间等。针对不同的员工，应该注意设计不同的问题。管理者还应该设计开场白，以及明确本次反馈所要达到的目的。

3. 安排时间地点

管理者应与员工事先商讨双方都能接受的反馈时间。在时机上，应该选择双方均相对空闲的时间段。在地点上，应安排在安静且不受干扰的场所，选择员工较为熟悉的环境，以营造缓和、轻松的气氛，如整洁的办公室、小会客厅等。在进行绩效反馈时，管理者最好能够拒绝接听任何电话，停止接待访客，以免使绩效反馈遇到不必要的干扰。绩效反馈的时间长度要适当，如半小时到一小时。管理者还应安排好双方面谈时的空间距离和位置，如双方成一定夹角而坐，可以给员工一种平等、轻松的感觉。

（三）员工的准备工作

绩效反馈是管理者和员工之间的互动沟通过程，只有双方都进行充分准备，才有可能获得较为理想的结果。在缺乏准备的情况下，员工通常会产生恐慌心理，或对考评结果不理解，而使绩效反馈无法顺利进行下去。因此，管理者最好在绩效反馈前几天通知员工，让其收集与整理自己的绩效信息，让其恐慌心理得到缓解。在知晓考评结果的情况下，员工既可以充分准备相关资料，又可以预先检讨自己的工作不足与分析自己所遇到的问题。对于绩效考评结果有重大疑问的员工来说，也可以有充足的时间准备自己想反映的意见和收集必要的申辩资料。所以，管理者必须在绩效反馈的前一段时间，把相关资料下发给员工。同时，也要将反馈的重要性告诉员工，让员工做好充分的前期准备。

四、绩效反馈技巧

在绩效反馈过程中，除了要遵循一些基本的原则之外，恰当地运用一些技巧也是十分必要的。以下主要从绩效反馈面谈的角度，谈谈如何运用绩效反馈的技巧。

（一）重视细节

绩效反馈的过程也是管理者对员工进行言传身教的过程。管理者需要重视各方面的细节问题：适当的场合、适当的时机、适当的内容、适当的角度、适当的方式、适当的语言、适当的举止等。反馈的形式要灵活多样，注意信息互动，体现对员工的尊重。如果进展不顺，管理者应努力改善局面或另选绩效反馈的时机。作为一项让管理者颇感压力的工作，其中的任何一个细节都不可忽视。与每个员工探究绩效考评效果，分析问题与原因，找到绩效改进的解决方案，并不是容易的事情。若还要使员工心悦诚服，则更是难上加难，因此，忽视其中任何一个细节，都会"失之毫厘，谬以千里"。

（二）及时反馈

酒店的行业特征与工作性质决定了绩效反馈应该是经常性的。一旦员工的绩效出现偏差，管理者就有责任将问题及时告知员工，否则酒店可能会遭受更大的损失。这样不仅可以有效降低最终的绩效表现偏离预定目标的程度，也可以使员工对自己的工作绩效有个大致的判断，增强最终绩效反馈的可接受性。管理者可以运用经常性的会谈，分析员工的绩效差距，肯定员工的努力与进步。这样可以使员工有受到尊重的感觉，有利于建立融洽的上下级关系。

（三）积极倾听

积极倾听是有效的沟通技巧。倾听的目的是为了了解别人的观点、感受，以做出最贴切的反应。管理者在倾听时要保持积极的回应，千万不要急于反驳；先不要下结论，务必要听清楚并准确理解员工反馈过来的所有信息；通过重复与下属对话中的关键信息，或核实已经掌握的信息，使之条理化、系统化，然后做出判断，并表达自己的想法。

在绩效反馈期间，管理者运用积极倾听的方式，一方面能鼓励员工表达得更清晰，另一方面使员工明白自己的感受。管理者耐心地听取员工讲述，并不时地概括或重复对方的谈话内容，鼓励员工继续讲下去，往往能更全面地了解员工绩效的实际情况，并有助于分析原因。管理者要以认真的态度听取员工的看法，明确员工如何看待问题，而不是一直喋喋不休地教导。如果下属是一个非常善于表达的人，就尽量给其创造畅所欲言的机会；如果下属不爱说话，就给他勇气，多一些鼓励，同时尽量用一些具体的、开放的问题来引导下属多发表看法。

（四）促进员工参与

当员工积极参与到绩效反馈的过程中时，通常会提高员工对管理者的满意度，并对绩效考评体系增加认同感。管理者应创造良好的交流氛围，鼓励员工积极参与其中。管理者应结合员工的自我评价，引导员工发表意见，让他们发表对绩效考评结果的看法以及参与绩效目标制定的讨论等。

（五）重视肢体语言

口头语言是人与人之间思想交流与情感联络的重要手段。除此之外，动作、表情、视线等肢体语言，虽然也被人们在不经意地运用着，但它在沟通中的影响力和特殊作用却没有引起人们的关注。在信息传递中，肢体语言的作用决不比口头语言的作用低，一举手、一投足，甚至一个眼神常常就能迅速准确地将所要表达的意思传递给对方。在绩效反馈中，用好肢体语言，会带来意想不到的效果。管理者应关注以下两方面。

1. 理解员工的肢体语言

每个人都能够通过特有的形体动作传达丰富的信息，所以，管理者应该准确理解员工的肢体语言。这是读懂员工的基本意图与主观诉求的重要途径之一。管理者要学会从员工的动作、姿态、表情，以及彼此之间的空间距离中，感知员工的心理状态与情感反应，了解员工的情绪变化，然后有的放矢地调整自己的动作、姿态、表情等。通过展示合适得体的肢体语言，管理者可以达到与员工轻松交流与沟通的目的。

2. 注意自己的肢体语言

管理者除了要观察并准确理解员工的肢体语言之外，也要注意自己的肢体语言。管理者在绩效反馈中应努力做到：保持适当距离，过分靠近会令员工感到不安，并本能地产生自我防卫的心理；注视对方的眼睛或鼻子与嘴之间的部位，以表示一直在关注对方，重视与对方的谈话；面带微笑，以营造愉快的沟通气氛，而严肃刻板的表情，只能让员工产生压迫感和紧张感；常点头，少摇头，这既表示收到了员工所要表达的信息，又可以增强员工的信心，鼓励员工继续说下去。

在绩效反馈过程中，管理者应该避免的动作主要包括：不要双手交叉抱胸，这样的姿势显得盛气凌人，高高在上，拒人于千里之外，从而扩大双方的距离感；不要皱眉头，这个动作给人以不耐烦或不满意的暗示；不要抖动双腿，应尽量保持身体的平稳，因为不停地抖动双腿或变换姿势，意味着管理者的焦躁不安，导致双方无法平心静气地进行沟通；避免各种毫无意义的小动作等。

（六）肯定员工成绩

管理者与员工应该对绩效改进的计划达成基本共识。管理者应该让员工树立起进一步把工作做好的信心，同时，要让员工感觉到这是一次非常难得的沟通机会，能使员工从管理者那里得到很多指导性的建议。在绩效反馈的过程中，管理者要表扬员工的优点，要肯定员工的成绩，要多用赞美的语言，要展望美好的未来。在面谈即将结束时，管理者应进一步总结与确认沟通的内容，说明组织对于员工的期望，表明自己对于员工的信任与支持。例如，管理者可以充满热情地与员工握手并真诚地表达："如果在工作中遇到麻烦和问题，我会尽力给予支持，相信你会取得更好的成绩。"在绩效反馈结束之后，管理者一定要和员工形成双方认可的备忘录，就反馈结果达成共识，对暂时没有形成共识的问题，可以与员工约好下次面谈的时间，就专门的问题进行第二次沟通。

第六节　酒店员工流动的原因与对策

一、员工流动与员工流失

（一）人力资源流动

人力资源流动是指人员从一种工作状态到另一种工作状态的变化。人力资源的流动分为组织内流动和组织间流动。组织内流动通常由该组织的人事部门通过提升或调动来完成，而组织间的流动则是通常所说的员工流失。

员工流失一直是困扰企业管理者的难题。随着知识经济时代的到来以及人们生活节奏的加快，员工流失正变得越来越频繁。正常的人员的流动率一般应该在 5%～10% 左右，作为劳动密集型企业，酒店的流动率却高达 20% 以上。特别是一些高学历、高层次的管理人才流失情况更加严重。

（二）员工流动的分类

在经济理论的研究中可以按照主体的主观意愿，将员工的流动分为自愿流动和非自愿流动两种类型。非自愿流动是由于雇主的原因而发生的流动，主要有解雇、开除和裁员等形式；自愿流动是雇员为了自身的利益而进行的流动，即通常所说的员工流失。按照契约理论，员工流失实质是员工自主与组织终止劳动关系的行为，代表了个体永久性地退出某一组织。因退休、伤残、死亡等原因而发生的员工流动则属于自然流动。

二、酒店员工流失的消极影响

（一）降低服务质量

较高的人员流失率会影响酒店员工的归属感进而影响服务质量。人员的频繁流动会对其他在岗人员的工作情绪和工作态度产生消极的影响，动摇他们留在酒店工作的决心，特别是在看到流失的员工获得了更好的工作环境或者薪资待遇的时候，他们对自己所在的工作团队的归属感和荣誉感会逐渐下降，工作积极性会严重受挫，从而直接影响到对顾客服务的质量。

（二）增加经营成本

较高的人员流失率会带来直接的人力资源损失从而增加酒店的经营成本。若酒店稳定员工的管理措施不足，那么将无法有效避免频繁的员工跳槽和"为他人做嫁衣"的情况发生。最典型的体现就是新员工完成培训学习能独当一面后选择了跳槽。为了维持正常运转，酒店需要进行新一轮的员工招聘与培训活动，这样不仅造成招聘和培训成本的上升，而且由于新员工缺乏对岗位职责与工作环境的准确感知，导致工作效率较低、服务差错比例大、服务成本上升、顾客满意度下降等问题的产生。

（三）弱化酒店竞争力

较高的人员流失会弱化酒店的竞争力。酒店人才的流失大多会在本行业内发生，他们或是自立门户自己创业，或是流向竞争对手，所以人员流失的同时会引发本酒店的技术和客户资料的流失。特别是很多销售人员都有一些固定的客源积累，这些销售人员的离职会导致酒店客源的流失，从而增加竞争对手的实力，并给酒店的经营带来极大的竞争威胁。

三、酒店员工流失的影响因素

（一）社会因素

1. 社会的认同度

伴随着社会经济进步与发展的历程，我国酒店业走过了具有历史性、跨越性和巨变性的几十年。虽然在行业规模、企业水平和社会地位影响及经济拉动作用等方面都发生了深刻的变化，但是社会对其的认同度仍然停留在最初的水平，如酒店业是吃"青春饭"的行业、是"伺候人"的行业、员工素质低下等错误观念。这是导致酒店员工人才供给不足以及高流失率的根本原因。

2. 就业平台的多元化

网络时代员工流动市场较之计划经济时代同样有着巨大的进步和发展，同时人力资源也应与其他资源一样能够在市场上自由流动。随着改革的深入，经济的高速增长，市场化程度的进一步提高，社会对员工流失不仅越来越理解，还创造出大量的机会，提高了员工在企业外寻找到有吸引力的工作机会的预期。从这个角度来说，员工交流平台的多元化加剧了酒店员工的流失。

（二）个体因素

1. 工资待遇低

薪酬水平及相应的福利状况是影响酒店能否留住员工最有力的武器。酒店作为营利性企业面临着营运成本的压力，而人力成本又是酒店日常营运最大的成本之一，这就造成很多酒店通过压低员工的薪酬和福利待遇水平获得更高的短期经营利润，继而直接导致员工满意度下降，使得员工流向竞争对手或者其他行业。因此，提供一个相对具有竞争力的薪酬和福利组合，不但能够激发酒店员工的积极性，还可以有效避免酒店人才的大量流失。

2. 获取更好的发展空间

对于酒店行业而言，大部分一线的岗位工作知识要求不高，工作缺乏挑战性。由于管理方面或管理者素质不高，导致很多酒店中的一线员工得不到应有的尊重；在有些酒店中还存在工作环境过于紧张、人际关系过于复杂等问题；此外，很多员工看不到自身在酒店发展或者晋升的机会，为了能够得到更好的个人发展或晋升的空间，选择了自己认为更加有发展前景的酒店或者行业。

3. 组织承诺

组织承诺，也译为"组织归属感""组织忠诚"等，是体现员工和组织之间关系的一种心理状态，隐含了员工对于是否继续留在该组织的决定。组织承诺有继续承诺、感情承诺、规范承诺 3 种类型。继续承诺是指员工对离开组织所带来的损失的认知，是员工为了不失去多年投入所换来的待遇而不得不继续留在该组织内的一种承诺；感情承诺是指员工对组织的感情依赖、认同和投入，员工对组织所表现出来的忠诚和努力工作，主要是由于对组织有深厚的感情，而非物质利益；规范承诺体现为员工对继续留在组织的义务感，它是员工由于受到了社会的长期影响而形成的社会责任而留在组织内的承诺。

组织承诺对酒店业员工流失的影响主要体现在员工对企业的 3 种承诺类型的保持程度。本身员工对酒店业的组织承诺就低于其他行业，加之 3 种承诺类型中的任何一种承诺遭到破坏，都会对员工的流失行为起到推波助澜的作用。因此，酒店有效合理地维护员工的组织承诺，将能大大地改变员工的流失意愿，减缓员工的流失行为。

4. 工作满意度

工作满意度主要表现在六方面：①对领导的满意度，其中包括：公司领导对员工及员工发展的关心，是否注意与员工的交流；上级主管在分配工作、管理下属、与员工间的沟通等方面能否有效实施激励；努力工作能否得到上级的认可。②对企业管理的满意度，包括对企业的各项规章制度的理解和认同，以及制度以外的其他管理行为的认同。③对工作本身的满意度，包括工作是否符合自己的期望和爱好，工作量是否适度；自己在工作中能否体现出价值，能否达到自我实现的目的；工作的责权分配是否适度、明确。④对自身发展的满意度，包括员工参加培训的次数、广度和深度是否有助于自身发展；当工作中遇到难题时，能否及时得到上级的帮助和指导；能否得到充分、公正的晋升机会。⑤对工作协作的满意度，包括沟通渠道是否畅通；在工作群体中，能否得到个人人格的尊重及对工作价值的认可。⑥对工作回报的满意度，包括薪酬公平感、福利满意度、工作环境与条件的满意度。

总之，工作满意度与流失意向呈负相关，即员工感觉到的工作满足程度较低时，其流失意向较高。不同程度的满意度导致不同程度的员工流失，即员工撤出的不同程度。

另外，如年龄、性别、学历及婚姻状况等因素也对酒店员工流失造成了不同程度的影响。员工个体特征分布的多样化，加大了人力资源管理的难度。

（三）组织因素

组织因素是导致员工流失的最直接、最根本的因素，是最有可能通过采取针对性措施明显降低流失率的因素，也是必须加以重点关注的因素。组织内部因素处理不好，会直接导致员工做出离职的决定。

1. 工作因素

工作是员工在组织中的存在形式和价值体现的最终载体。它对员工流失有着直接而重要的影响。工作因素涵盖了工作内容、工作压力、工作环境等各项来源于工作的要素。一份经过精心设计的工作直接影响到员工的业绩和工作满意度。

酒店员工，特别是身处第一线的服务人员，工作既繁杂又辛苦，甚至有时还要遭受少数客人的恶意刁难。另外酒店工作时间不固定，一线员工要实行三班制，即使是管理人员也没有正常的休息时间，一切都必须以顾客为中心，许多高素质的酒店人才不堪重负，最终离开酒店行业。

2. 体制因素

规章制度是酒店经营活动正常运行和完成各项工作任务的基本保证。但是现阶段，大部分酒店仍没有一套建立在"人性化"管理之上的制度体系。员工作为酒店的一员，期望拥有平等的发展机遇，获得尊重与成就感，但是很多酒店依然存在"任人唯亲"的现象，严重挫伤了员工的积极性。在这种情况下，酒店由于没有建立起与员工互相忠诚的模式，没有创造出有利于员工忠诚于酒店的环境，即便拥有较好的薪资待遇水平，仍然很难留住员工。

3. 领导管理因素

领导管理因素是指由于酒店管理者的管理能力、管理行为、管理风格、责任心以及与下属关系等因素而导致员工流失的影响因素。不受欢迎的领导行为有：领导缺乏主见，朝令夕改，经常让下属做无用工；本身不能以身作则，要求下属做的，自己没有做到；管理权力过于集中，对下属封锁必要的信息，视信息为自己职权的象征；推过揽功，对下属的工作和困难缺乏理解和支持；处事带有明显的主观感情色彩，在组织内聚集小团伙；缺乏横向合作的良好基础，导致企业内耗增加等。

4. 酒店文化

酒店文化是一个企业的"精神之魂"，酒店文化对员工流失的影响是渗透性的、复杂的，又是不可忽略的。事实表明，许多员工追求的不仅仅是一份工作，而是一份有发展前途的职业。酒店如果能创造和建立独特的企业文化氛围，使广大员工具有归属感和宽松的工作环境，并且有较大提升希望，员工选择跳槽的可能性就会比较小。但遗憾的是很多酒店在这方面做得很不够，由此也导致了员工跳槽现象的发生。

综合上述因素，影响员工流失的组织因素是复杂的、直接的，但同样也是可控的。企业目标不是要阻止员工的流动，而是要控制它的流向和流速，以降低员工流失率，提升酒店的绩效。

四、应对酒店员工流失的对策

（一）完善人力资源管理体制

1. 实施谨慎的员工招聘策略

切实做好工作分析，编写出详细而规范的工作说明书，并严格以此为依据招聘员工，以确保能招聘到合格的员工。在招聘过程中，招聘者要以挑选合适的员工为原则。合适不但是指员工的技能适合岗位要求，而且个性、态度和价值观也要与酒店的理念、文化相吻合。如对大学生求职者，要了解其潜在的职业期望和职业兴趣，让其了解酒店人才培养的规律及晋升路径，这样可以让求职者理性选择，以避免聘用后因不适应酒店工作、期望与现实存在差距而辞职。

2. 完善人力资源培训制度

酒店领导应充分认识到培训的重要性和必要性。通过人力资源管理综合配套改革，把员工培训与员工激励、绩效考核、职业发展结合起来，建立员工自我约束、自我激励的培训机制。同时辅以交叉培训，以使员工适应多个工作岗位的需要，以便能在旅游旺季业务量突增或员工生病、休假以及顾客额外需求导致酒店内部出现工作缺位时能够及时弥补。

3. 重视员工的职业生涯发展规划

酒店除了做好培训外，还应在考虑酒店发展需求并对员工所拥有的技能进行评估的基础上为员工制订个人职业生涯发展规划，协助员工学习各种知识和技能，特别是专业性的知识和技能，以帮助员工适应酒店多方面的工作及未来发展的需要，促进员工个人和酒店的共同发展，有效减少员工流失。

（二）完善薪酬管理体制

1. 实行绩效评估，严格绩效管理

酒店应建立分层分类的员工考核制度，从实际出发，从酒店长远目标出发选择合理的考评方式，进行科学有效的绩效激励；针对不同的员工实行不同的考核内容与方法，在考核中加强与员工的沟通，通过考核不断发掘员工内在潜能，同时以公正、及时的绩效激励不断增强员工工作的责任感与成就感。

2. 提高酒店员工福利待遇

合理的薪酬体制不仅仅是指工资的高低，还要体现出公平性、激励性、竞争性。酒店需要改变传统的固定工资占绝对地位的状况，树立工作量化观念，使薪酬与贡献挂钩，给员工提供公平竞争的工作环境，从根本上吸引和留住酒店需要的人才。

另外，酒店还可以实行弹性福利制，即员工可以从酒店所提供的"福利项目菜单"中自由选择其所需要的福利。合理利用弹性福利制度，会使员工的福利需求得到最大化的满足，有助于提升员工的优越感，增加员工的忠诚度。

（三）塑造以人为本的企业文化

酒店经营应牢固树立"以员工为核心"的管理理念，在制定经营决策、订立规章制度、实施管理方案、落实奖惩措施以及进行教育培训时，要及时了解员工的想法，听取员工的意见和吸纳他们提出的合理化建议。在实现酒店总体目标框架内，尽可能多地去适应和满足员工的要求。维护员工的权益，为他们创造良好的工作环境和工作氛围，给员工以安全感、受尊重感和成就感。

（四）畅通交流渠道，实现有效沟通

酒店的管理人员应该直接与一线员工接触沟通，了解员工的愿望和需求，了解他们对工作条件、津贴、酒店政策等的看法和意见。同时，管理人员还应具备敏锐的洞察力和判

断力，善于发现员工的情绪变化，及时与他们进行沟通，耐心真诚地聆听，帮助员工排解压力。这样可以有效减缓员工压力，提高他们的工作满意度。在此基础上，通过建立内部投诉制度，可鼓励员工投诉，消除武断和官僚主义，促使内部服务质量不断提高。

第四章 酒店经营管理

人们常用"酒店是一个小社会"这句话来形容酒店的丰富内涵，说明其管理是一个复杂的工程。现代酒店作为一个企业，其管理工作千头万绪，管理方法也千变万化。经营与管理是管理人员最基本的工作，管理好一家酒店确实是一件非常具有挑战性的工作。它既包括经营又包括管理，酒店经营和管理属于两个不同的概念，有不同的内涵，侧重点也各不相同，经营是前提与基础，而管理则是条件和保证，但在酒店中又密不可分。一般讲的酒店管理实际上是酒店经营管理的简称。本章主要讨论了酒店营销管理、酒店财务管理、酒店安全危机管理三方面的内容。

第一节　酒店营销管理

一、酒店营销的解读

（一）酒店营销的含义

酒店营销就是一个系列过程，包括制订服务产品计划，确定合适的营业地点、价格和对产品进行促销，以吸引足够的消费者或客户，并通过交换使双方的需求都得到满足，从而实现酒店业的目标。

（1）营销是加速商品交换的过程。酒店的营销是将酒店的产品通过市场，尽快地销售给客人；客人购买了产品后，就要支付金钱，完成一个商品交换的过程。

（2）营销是卖方寻找买主的过程。

（3）营销是企业经营的一种方法。

（4）营销是企业经营的整个过程。

（二）酒店市场营销机会

酒店市场营销机会可分为三类：第一类是酒店在现有的经营范围内寻找机会，这种机会称作深度发展机会；第二类是酒店与营销系统内的供应商或销售商联营，这种机会叫作联营扩展机会；第三类是酒店与其他行业联营，这种机会叫作多种经营发展机会。

酒店利用现有的市场发展机会，进一步开发产品，提高产品质量，扩大市场份额，可以派生出以下三种机会。

1. 市场渗透机会

酒店积极进行营销活动，增加现有产品在市场上的销售额。做法有增加卖房数额，提高开房率；增加餐厅的就座率和翻台次数，提高餐饮营业额。有的酒店举办各种类型的食品节或美食节，推出颇具特色的风味菜，在电梯、大厅、门口等处大做广告，吸引客人进店品尝。人们有换换口味的要求，酒店正好满足了客人的要求，迎合了客人的口味，使餐厅生意更加兴旺。有的酒店对入住同一酒店次数多的客人给予优惠待遇，或赠送礼品，或免费就餐，鼓励客人多回头，刺激客人的消费欲。

2. 联营扩展机会

酒店业是国际性的产业，也是一种外向型的经济实体。酒店业的发展，必然是一种跨地区、跨国家的形式，从横向或纵向进行业务扩展，形成跨国公司或连锁集团，如美国的假日酒店集团、喜来登酒店集团，法国的雅高酒店公司，中国的锦江之星经济酒店联营公司。

3. 多种经营发展机会

第一，可以利用酒店现有的设施和服务技术的经营机会，比如洗衣公司或娱乐场。第二，酒店利用同一市场的经营机会，从事多种经营。第三，用其他行业来增加效益，在酒店业受影响时，跨行业经营的企业仍然能获利，起到互补的作用。

二、酒店营销的四个要素

从以上酒店营销定义中可见包含着四个重要的要素：地点、产品、价格、促销。酒店无论大小，地点、产品、价格和促销都是其营销的重要组成部分，酒店需要制订切实的营销计划，有效地加以利用。

（一）地点

酒店业营销的一个基本要素是地点。在酒店业中，地点和位置是同义词，地理位置对酒店业经营成功与否至关重要，正如"酒店之父"斯塔特勒所说，酒店的成功关键："第一是位置，第二是位置，第三还是位置。"当代很多住宿业和餐饮业以最适宜的位置创出最佳的经营业绩从而成为新的经典案例。

1. 经典论述

英国著名酒店管理专家，梅德利克认为酒店有三种比较好的位置，即中心位置、城乡接合部和风景点。中心位置主要为商业中心、交通中心、文化中心等，尤以商业中心为最佳，这些对于商务、交际、购物等当然很理想。不过车辆较拥挤、环境较嘈杂，特别是地价成本很高，这些是不足之处；城乡接合部交通便利，更由于地价相对低，可以较宽裕地征用，便于理想的设计，客人车辆的出入也方便，可免去一些交通管制；在风景点附近建造酒店也是不错的选择，特别是度假休闲的酒店很适宜，当然也有缺陷，如景区一般较远，交通不太方便，如受天气影响，会直接波及客人，出现"风吹一半，雨下全无"的情况。还有一定的景区环境限制，2007 年就在风景区拆除了 2000 余家酒店。

2. 新的选择

随着社会经济的变化，现今酒店选择位置又有了很多新趋势，如在上海浦东，利用高档空闲房，争取到廉价和多种优惠，创建相对低成本的优质餐馆就是一种新实践。在城市交通设施的改造发展中，又给酒店的经营者创造着一系列机会，如地铁和轻轨的出入口、高速公路的休息处等。证明着除以上三种位置选择外，根据具体情况还有适当的位置选择，这主要由市场调研来确定客源情况以及根据相关趋势来抉择。

对于营销经理来说，位置是无法改变的既成事实。酒店餐馆、酒吧通常都不会轻易换位置，除非万不得已。如南京的江南春酒家，因店门前模范马路拓展，整体往北移动 30 米左右，直接费用就花费数百万。所以营销的关键之一就是选择好的地理位置，更要在现有的位置上开发出合适的产品。

（二）产品

1. 特色比较

酒店营销中另一个基本要素就是提供的服务或产品的特性。在住宿业中，各酒店的产品类型差异较大，如上海丽致酒店是豪华型酒店，提供只有豪华型酒店才能提供的全方位服务和宜人的环境；而"速 8"则是经济型酒店，提供简洁、舒适的酒店环境，其他附加服务几乎没有。酒店产品一般由硬件和软件两方面构成。如新落成的高档酒店必然拥有设备齐全的健身中心、游泳池及 SPA 中心，其中 SPA 这一服务项目如今更被视为不可或缺。

2. 特色经营

有自身特色的酒店都有一些自己的基本服务或产品类型。需要某种特殊服务或产品的消费者就可以根据这些特点来选择可能提供该种服务或产品的酒店。至于餐饮产品的特点那就更丰富多彩了，不少餐馆就是靠一套或一个特色产品，如比萨、汉堡、奥尔良鸡翅、北京烤鸭、火锅、狗不理包子等站住脚跟，不断发展壮大的。谭鱼头在短短几年内上市，沙县小吃红遍了半个中国，都是极好的例子。

（三）价 格

酒店业营销的第三个要素是价格。酒店业提供服务制定的价格主要包括餐厅的菜点价格和房价。价格作为酒店营销的要素在酒店的概念和含义中早就决定了酒店是有偿提供人们食宿及相关服务的建筑物或场所。

1. 价格意义

"有偿"两字界定了作为一个经济组织出现于市场经济之中的酒店的性质，可以说这是第一层意义，即价格作为酒店构成要素的第一层意义。其次，有偿需要依据、要有参照，实际上需要与价值价格的相应来体现，即价值比。客人在酒店消费付钱，最终是否价有所值是必然的反映。客人将依此作为一种选择，是否"再来"或宣传，也可能"永不来此"也兼为"宣传"。再次，酒店能做很多生意，但在总体上亏本的生意总不能做下去。这就决定了酒店价格的至关重要。价格太低了，酒店运营的成本都收不回，显然不可取；但价格太高了，客人不来，连酒店运营的固定成本也无法支付，更不可取。于是，盈亏平衡、保本营业额、边际利润、运营成本、费用率等一系列涉及价格的经营管理指标相伴而生。此外浮动价、保本价、团队价，超值打折价等也相继出现，这就表明价格已经成为酒店在市场营销经济中的一项必不可少的杠杆功能，已经成为酒店经营管理的一项政策，甚至有实力的酒店有可能压价占领市场，竞相削价就是十多年来旅游酒店市场上较为突出的问题，也引发了业内议价，设置最低保护价及反倾销等。

从上述几层意思可见，价格对于酒店实际上是一个集中体现经济规律的系统，又是一个经营策略的重大问题，从而决定了它在酒店营销中不可替代的重要地位。

2. 价格政策

从宏观上看，仅国家物价部门就有了大角度的转变，已由以前狠抓暴利、高毛利率、擅自提价转变为确定行业最低限价，不准擅自降价，反对压价竞争控制。

从微观上看，各餐旅企业已逐步将价格立体化。即不仅仅由价格体现价值，更多地以组合优势优质与价格的综合来全面体现价值。

当然从消费者来说，看待价格也更加理性，已不仅仅为低价而心动，而是追求合理的性价比。

3. 制定价格

为酒店业制定一个价格体系是一个艰难的过程，也很难有一个简单的公式可循，制定者要考虑很多方面，大多数都是主观性的，如制定房价和菜点酒水的价格是最困难的部分。经营者需要考虑下面这些问题：产品成本，如菜点用料的成本，燃料成本，或房间用品包括低值易耗品的成本等；人力成本（包括福利和缴税等）；企业行政管理费；房租，固定资产折旧；竞争对手的价格；价格在客户中的影响等。很显然，价格如果低于产品经营成本，酒店就无法经营。另外，经营成本还不限于产品成本，应包括一些其他因素，如企业管理费（房产税，电话、保险、取暖费）、照明用电、清洗设备、环境保洁等成本。

（四）促销

酒店营销的第四个要素是促销，将其放在最后是因为促销决策最好在产品、地点和价格决策之后做出。对酒店业经营者来说，促销是告知，影响并说服消费者购买其服务的全部活动。促销手段一般可分为人员促销、广告、营销推广、推销、公共关系这样几大类。

1. 人员促销

人员促销是酒店吸引公司和团体客户的主要手段。最典型的就是推销员和消费者能面对面直接交流，当面提出和回答问题，或者利用个人魅力来说服消费者购买服务。在酒店，每个服务员都处在人员促销的位置上，服务员直接与顾客接触，为了增加销售，可向客人提出建议或建议性照应客人的问题。如无锡大饭店餐饮部的经营管理人员和服务员还主动深入苏南地区乡镇企业，逐步打开了周边农村新兴的产业集团这一巨大市场，促使酒店餐饮产品常年畅销，渐现品牌效应，收到了很好的成果。

2. 广告

广告是针对潜在的消费者进行的预先付费，非个人的交流。绝大多数酒店都通过广告的方式来推销他们的服务，也用来树立品牌。例如 1999 年，麦当劳的广告投入为 11 亿美元。对酒店来说，因为酒店客人很分散，小范围做广告起不到效果，大范围则又是一般酒店成本不允许，做广告又是比较困难的选择，酒店广告一般要注意广告的目标、成本、传播的信息和内容，使用的媒介和效果预测。

3. 营业推广

营业推广是商家吸引消费者马上购买的活动。营业推广的目的在于说服消费者马上购买而不是等待。酒店业经营者经常用营业推广来增加生意。很多经济型酒店推出的日间廉价钟点房业务，充分利用客房在客人晚上到店前的空隙时间增加营业额。

酒店为吸引和留住客人的最重要的营业推广手段是常客奖励计划,对于前来光顾的客人每次都给予一定的积分,积分可换成各种优惠——免费住宿、餐饮、租车打折以及其他优惠或赠品,鼓励客人在需要酒店时每次都选择同一家酒店。

4. 推销

推销则指酒店业主要在店内采取一些方法增加目前客人的消费。

5. 公共关系

公共关系指意在提高企业形象、声誉知名度,增进雇员、客户、供货商、股东等与企业关系重要的客人或企业关系而进行的活动。公共关系活动有许多形式,支持慈善事业或赞助等类似活动就是其中之一。如无锡艾迪花园酒店出资为四川汶川地震重建希望小学捐款;上海神旺大酒店为四川抗震捐赠 500 万人民币。捐款赈灾在实际上提升了酒店的形象和美誉度。

第二节　酒店财务管理

一、财务管理简介

会计被称为"商业的语言",财务会计问题是经营管理的主要问题。财务会计具体讲是对反映企业财务状况的财务信息进行分析、记录、分类解释的过程。财务制度就是会计业公认的对财务信息进行分析、记录、分类、汇总和解释的规则。

酒店财务管理是指酒店利用货币形式对经济信息进行确立、衡量及交流,以便信息的使用者做出充分的判断和决策。它包括财务、会计、预算、成本控制等几方面,也有人简称为聚财、理财和生财之道。它是酒店经营活动的重要组成部分,是一种按照资金活动规律进行的全面管理活动。酒店业的经理人应当非常了解财务制度,必须充分地利用会计信息,以便做出经营管理的重大决策。所以,酒店业管理的课程中至少要包括一门财务会计课程。当然,财务管理对酒店成功经营管理的重要性是远非一两本教科书所能描述的。酒店接待服务系统的多个子系统无不与财务紧密相连。酒店职能管理系统又是主要以财务系统为主完成对酒店计划预算、购进、生产、服务、销售以及薪酬分配全部业务流程的成本核算和钱、财、物管理。

随着信息化时代的逐步到来,酒店财务管理,也由会计电算化、收费信用卡、财务软件、客房、餐饮信息化管理直到酒店预订系统的运用,酒店电子商务网上预订、支付结算逐步推广，开始全面步入酒店财务信息化时代。然而，不管信息化怎样深入酒店财务的方方面面，财务对于酒店预算和整个业务流程的监控作用不但没有减弱，反因技术手段的现代化而得以扩大和加强，如大部分酒店将前厅部夜间审计员和出纳员职责转移到财务部。

二、酒店财务报表

酒店财务会计主要涉及酒店日常事务的分析、记录、分类和总结。分析是指对要记录的数据进行准备工作；记录指的是将数据计入企业的正式账本；分类则是将数据按类别分开，以便更好地解释数据；总结是将信息汇总报告形成报表。由此可见，会计记录数据入账只是会计工作中最基本的一个要素。最后要将汇总的数据变成财务报告（称为报表）递呈经理，所有者及送给其他相关人员。会计编制的两个最重要的报表就是资产负债表和损益表。

（一）资产负债表

资产负债表是说明企业在某一时期内资产状况的财务报表，其中列出了资产、负债及所有者权益。

1. 资产

资产是任何有价物品。任何属于企业的资产都会列入资产负债表中。其包括现金、食品、酒水、家具、汽车等。资产分为流动资产和固定资产两类。

流动资产是延续不超过一年的资产。流动资产在资产负债表中按流动性排列。流动性指的是变现能力。现金是所有资产中最具流动性的，所以排在第一位。应收账款排在第二位。

固定资产指的是会延续一年以上的资产。资产负债表中某些固定资产的价值是不断减少的，称为折旧。折旧是一个账面数字，表示某些资产从开始使用之日起价值减少的理论数量。而固定资产的实际价值也就是市场价值，可能比资产负责表上的要高，也可能低。

2. 负债

负债指的是对他人的金融债务。通俗点说，负债指的是企业欠别人的钱。负债一般分为流动负债和长期负债两种。

3. 所有者权益

所有者权益就是指一位所有者拥有资产负债表中资产的数量。有时也可以用资本来表示。

（二）损益表

损益表是显示企业一段时间内销售（或收入）和支出的状况。

销售和收入指的都是企业经营的收益。支出指的是经营的成本。损益表中有一栏为销售成本，总销售减去食品和酒水的成本就是毛利润。

损益表中的支出一般可以分为两类：经营成本（可控制成本）和固定成本。固定成本有时也称为固定费用。经营成本或可控制成本是经营者可以控制或改变的支出，为直接费用，随着营业额的增减而增减。这种费用包括工资、洗衣费、清洁用品及办公用品等。固定费用是经营者在近期内无法改变的费用，它包括租金、按揭及房产税，这些费用即使没有销售收入也必须支付的。

损益表中列出的每一类金额合计都可以和预期或预算金额加以比较。如果实际工资额比预算高，所有者就会弄清原因。

在损益表中，如果收入超过成本，就是盈利。如果成本超过了收入就是亏损。会计信息中的某些具体数字，只要花一点时间计算一下，可以得到一些其他的有用信息。一般来说主要有各种比率、平均值和其他一些数字，可以用来分析企业的经营状况。

三、预算

（一）预算的作用

预算就是未来一段时间内的财务计划，它给管理者确定一个所要达到的销售额标准，并且能帮助他们计算和测定酒店的盈利率，有助于加强酒店管理者对酒店运营成本的控制。

酒店各项预算中最重要的是经营预算，它是一家酒店财务管理必不可少的内容之一。经营预算是未来一段时间，在一定支出水平下，为实现一定数量的收入而制订的财务计划，准确的预算被认为是营利性酒店进行经营的一个根本。经营预算一经确定，经营者和相关人员在购买物品和雇佣人员时就有了做事的依据，会提醒所有者和经营者警惕不必要的巨额开支和应对可能面临的收入不平衡，甚至亏空。如果没有预算，经营者评估经营是否成功或财务目标是否可以实现的手段就会显得很有限。

（二）获取预算数据

获得可靠的预算数据并不容易。酒店一般根据最近经营时段内的损益表，将过去一段时间的状况视作未来状况的参照表，构筑可信的预算的出路恐怕在于建立一个涵盖整个行业的可靠的统计数据库，这个数据库能根据最新的经济信息和财务信息而被定期地及时更新。于是，这些数据可以被用来对行业形成一个短期的展望。这样就可以更准确地以今天的状况预测明天的变化和趋势。

（三）几项比率、平均值

1. 比率

比率是拿一个数字与另一个数字相比所得的值。酒店业通常用比率来评估财务状况，常用的比率有成本销售比率（成本百分比）、人力成本销售比率以及入住率、上座率，存货周转率、利润率等。

（1）成本销售比率。成本销售比率计算如下。

成本/销售＝成本销售比率或成本百分比

如，食品成本/食品销售额＝食品成本销售比。

（2）人力成本销售比率。人力成本销售比率计算如下。

人力成本/总销售＝人力成本销售比率或人力成本百分比

经营者可以将人力成本百分比与计划相比较或与同行业平均值比较。

（3）其他经营比率。

入住率＝入住率指的是已入住的房间占全部可销售房间的比率，计算如下。

入住房间/全部可销售房间＝入住率

上座率：上座率指的是在某一时间段餐厅就餐客人的数量与可供就餐的座位数量之比。换句话说，上座率指的是某一时间段每个座位就餐客人数量的平均值，计算如下。

就餐客人数量/可供就餐座位数量＝上座率

餐饮部经理会记下每天的上座率，以便与其他日子、相关餐厅比较。

存货周转率：存货周转率衡量的是在某一经营时段，存货使用和补充的比率，计算如下。

售出货物成本/平均存货成本＝存货周转率

利润率：利润率衡量的是企业的效率，这一比率对投资者和经营者都非常重要，因为它显示了管理的质量。一个重要比率是销售回报率，或者说净利润率，计算如下。

利润/销售＝销售回报率

企业可以将当年利润率同以往加以比较，也可以与同行业平均值比较。

2. 平均值

除了比率，餐饮业和住宿业的所有者和经营者还使用平均值来评估企业的经营。酒店经营中的两个最常用的平均值为酒店顾客人均销售额和入住客房平均房价。

（1）顾客人均销售额。顾客人均销售额的计算方法是用某一时段的销售总额除以顾客数量，计算如下。

$$销售总额/顾客数量=顾客人均销售额$$

（2）入住客房平均房价。入住客房平均房价的计算方法是某一时段内客房收入除以该时段内入住客房数量，计算如下。

$$客房总收入/入住客房数量=入住客房平均房价$$

四、成本控制

（一）成本控制的含义

酒店成本指酒店在一定时期内接待经营过程中为客人提供劳务所发生各项费用的总和，包括物化劳动和活劳动。成本控制就是规范成本，防止过度支出的过程。

（二）成本控制的意义

成本控制对酒店业经营非常重要。

首先酒店在确立一个客房或某一食品价格之前，需要了解它的基本成本，要分析各项成本的构成，许多经营者都花费大量时间制定各项制度规范各种成本费用，并在经营中监督这些制度的执行来控制成本。

酒店的采购很能说明成本控制的重要与必要。采购是一项极其复杂的活动，它的含义是在它既要维持酒店的正常运营，在物质供给上保障服务水准，但又要考虑采购对酒店成本有着重大影响，而尽可能控制成本，降低成本。譬如包含食品、酒水和各类存货在内的原料成本，经常占到餐饮成本的35%~50%，因此采购员有计划地谨慎采购以降低成本是非常必要的。若酒店能以低于竞争对手的价格购买到经营所需的各种商品，则酒店就能极大地提升自身在行业中的竞争地位。

第三节　酒店安全危机管理

一、酒店安全危机的识别

（一）危机事件识别概述

根据酒店安全危机的来源、潜因与类型建立事前的危机识别系统。能够及时针对由产品、信誉、市场等危机根源爆发的不同危机类别，进行危机管理与解除。由此，能够保证在危机爆发时，酒店相关部门能够根据预设危机发展方向，进行危机拦截，从而将酒店安全危机的后续影响降至最低。

在危机识别时，管理人员经过调查和分析，应该能够回答以下问题。

（1）危机的风险来源是什么？

（2）该危机可能导致哪些后果？

（3）该危机可能对酒店的经营和发展造成什么影响？

（4）可能会受到该危机事件冲击的利益相关者之构成？

（5）危机事件可能发生的时机、地点、原因及方式？

（6）目前控制该类危机的方法有哪些？

（7）分析现有控制方法无法发挥控制功能的原因并提出改善策略。

（二）危机事件识别的方法

危机事件的识别无法由某一个部门或某一些员工来完成，一般而言，危机事件的识别是全员参与的过程，需要根据不同的危机来源来采取不同的识别方法。可以将危机事件按照来源的不同分为可控类危机和不可控类危机。

1. 可控类危机事件的识别

所谓可控类危机事件是指酒店的经营管理者对于此类危机的发生规律有了较为深入的了解，且具备一定的能力对该类危机进行识别，能将其阻止在实际爆发之前的危机类型。此类危机通常属于酒店经营管理的范畴，因此，对于此类危机的识别就需要借助酒店各业务部门按照危机发生的规律，对可能导致危机的要素进行逐项检查。此类危机事件例如消防安全、服务设施安全（包括用电、煤气等）、酒店范围内的治安环境与管控危机等。

在对可控类危机事件进行识别时，可以采用的技术和方法包括：核对风险清单、运用经验及纪录来判断、使用工作流程表、头脑风暴、系统分析、顺序分析，以及系统工程技术等。

2. 不可控类危机事件的识别

不可控类的危机事件一般是指导致危机事件的源头不受酒店管理者的控制，例如各种自然灾害、疾病、战争，以及其他一些突发事件等。此类危机事件的识别往往需要依赖专业人士的预测与分析。酒店可以一方面借助第三方的专业报告或信息的披露来对可能产生的危机予以监测；另一方面，酒店管理者也可以邀请相关领域专家组成酒店危机管理的智库。

例如在某流行疾病盛行的时期，酒店就可以多关注当地卫生部门的权威信息发布，同时，聘请一些医学或流行病学的专家作为酒店的顾问，以便更有效地对流行疾病可能导致的危机进行识别。

在对不可控类危机事件进行识别时，可以采用的技术和方法包括 SWOT 分析方法、头脑风暴、系统分析等。

管理者可以借助危机风险的识别框架模型，来获得风险识别的思路框架，如表 4-1 所示。

表 4-1　危机风险的识别框架模型工作表

危机事件的风险来源	危机事件可能带来的影响					
	财务	人力资源	声誉形象	经营目标	法律责任	服务质量
宏观环境风险						
管理风险						
运营风险						
操作风险						

在该危机识别工具中，最左侧的栏位为危机事件的风险来源，每项风险来源皆会对酒店的运作或利益相关者产生许多不同的影响。最上方的栏位主要为每项危机事件类型对酒店营运、利益相关者及形象可能产生的潜在影响。

（三）危机事件登记建档

对于危机事件的识别需要通过规范化的文件档案记录在册，方便酒店管理者不断拓展酒店危机事件管理的应对预案。如表 4-2 就可以被用来记录酒店识别出来的危机事件。最终通过全面记录所有可能的危机事件类型、影响以及可能的应对方式，可以为后续危机管理的实践打下坚实的基础。

表4-2 危机事件登记表

危机类型	危机情景及影响	危机事件的应对及处理		
		现有措施	新增对策	负责部门

二、酒店安全危机预警系统的构建

(一) 危机预警系统及其发展

危机预警系统是通过对酒店内外部环境的全面监测，识别有代表性的危机征兆，并对这些征兆进行正确的诊断和评价，从而实现在危机爆发之前进行科学预报，以便酒店管理者可以及时采取应对措施，以达到减少酒店因危机而带来的损失的目的。

酒店危机预警系统的构建非常复杂，其主要原因就在于不同的危机事件、危机征兆及其测评指标均存在较大的差异。为此，现有的危机预警系统大多数是从组织整体的角度来构建，因为对一个组织而言，影响组织存续的指标相对较为集中和固定。

(二) 危机预警系统构建的过程

如前所述，所谓危机预警系统是从危机事件的众多表征中，筛选出一些相对较为重要的指标用来进行监控和数据采集，并借助统计分析方法构建判断模型。最终以优化和验证后的模型为基础，对组织的发展状况进行分析，并对可能陷入或者已经进入其中的危机事件进行预警。

由此可见，在危机预警系统的构建过程中，指标的选择是十分重要的环节，也是危机预警系统构建诸多步骤的起始点。通常情况下，某危机事件的关键指标需要综合借鉴国内外已有的相关研究成果以及行业内专家的经验和意见之后，才可以初步设定。

三、酒店安全危机的处理策略

酒店在面对安全危机时，需要对其情况做出及时的判断，快速决策，并积极采取科学合理的方案和措施，以应对危机事件对酒店形象的损害。具体而言，酒店的危机处理应该从以下方面进行。

（一）第一时间确认危机事件与分级

1. 危机事件的调查与确认

危机事件爆发之初，往往是危机公关处理的最佳时刻，当务之急是第一时间奔赴现场进行调查，通过收集信息，进一步确认危机事件的性质、原因及危机发生的详细过程，从而形成危机的正确认识。调查危机事件应收集信息，并形成基本的调查报告，为处理危机提供基本依据。

危机调查一般涉及如下内容。

（1）危机事件（突发事件）的基本情况，包括事件发生的时间、地点、原因、事件周围的环境等。

（2）事件的现状和发展趋势，包括事态的目前状况，是否还在发展，朝什么方向发展，已经采取了什么危机处理措施，这些措施的实施效果等。

（3）事件产生的原因和影响，包括引发事件的原因，人员伤亡情况，损坏的财产种类、数量及价值，事件涉及的范围以及在舆论上、经济上、社会上甚至政治上会带来什么影响等。

（4）查明导致事件发生的当事人与责任人，特别要关注是否存在故意破坏行为，这样有助于了解事件的真相与性质。

（5）查明事件涉及的公众对象，包括直接与间接的受害者，与事件有直接和间接关系的组织和个人，与企业有利害关系的部门和个人，与事件的处理有关的部门及新闻界、舆论界的人士等，还要与事件的见证人保持密切的联系。

2. 危机事件评估

一旦确认了危机，危机管理领导小组必须在最短的时间内对危机事件的发展趋势，对企业可能带来的影响和后果，对企业能够和采取的应对措施以及对危机事件处理的方针，对人员、资源保障等重大问题做出初步的评估和决策，并对危机事件的等级和性质予以判定。

一般都可以按照影响程度的不同分成不同级别的危机事件。

3. 危机诊断及应对

危机诊断是根据危机的调查和评估结论，进而探寻危机发生的具体诱因的过程。通过危机诊断判断出危机产生的根源。对于不同程度的危机采取不同类型的处理方式。危机诊断可以为危机处理的方向提供依据。

（二）保护当事人权益，尽全力止损

人身安全和相关利益者的权益保障永远需要放在第一位进行考量。为此，作为酒店危机管理的重要策略之一，当酒店爆发的相关危机事件对客人或其他利益相关者造成了实质性的损害时，酒店危机管理负责人就需要尽可能地保护相关当事人的权益，使其遭受的损失降到最低点。同时，无论最终判定责任的归属为哪一方，酒店方面都应在第一时间给予一定程度上的补偿或精神安慰。

（三）做好内部和外部沟通

1. 信息时代，媒体沟通是一柄双刃剑

目前所处的时代，各类媒体高度发达，沟通的品质决定了危机管理的成败。在这样的时代背景下，危机传播的速度不断加快、危机的影响面不断扩展、危机的破坏力也不断增强。尤其是以网络为基础的创新媒体的不断涌现，危机在网络舆情的发酵下，爆发力度和强度都呈现几何级数的增长。

网络舆情是通过互联网表达和传播的，公众对自己关心或与自身利益紧密相关的各种公共事务所持有的多种情绪、态度和行为倾向的总和。如果酒店在危机处理方面，对于信息的沟通处理不当，可能引发新一轮的网络舆情危机。所谓网络舆情危机是针对某一特殊刺激事项所产生的涉及民众利益较深较广的舆情，在相对短时间内生成大量信息，并在一个社区或更大范围内民众中掀起范围更大、强度更强的社会反应，最终与事项刺激方或事项本身形成激烈的认识或观点对抗。

近年来，网络频频曝光经济型酒店的保洁服务规范问题（"毛巾门"）与布草安全问题（众多连锁酒店品牌旗下酒店布草清洗外包，用火碱漂白）使经济型酒店声誉受到较为严重的冲击。

2. 企业不仅要注重对外沟通，内部沟通同样重要

在危机公关中，组织内部加强沟通，统一认识、统一口径是非常重要的，否则如果在酒店内部出现了不一致的声音，也会导致危机管理工作陷入被动。如在2016年"和颐酒店女子遇袭"事件中，酒店方面就出现了此种情形，即酒店一边正在向当事人和公众致歉，另一边却有内部员工随意发声，声称是当事人炒作。酒店的一位刘经理在接受媒体采

访时表示，既没死人，又没着火，又没发生强奸案，这是一次炒作。这种前后矛盾的说法让公众质疑酒店道歉的态度，否定酒店的诚信。

四、酒店危机公关的基本原则

在酒店危机公关方面，有许多经典的危机公关原则可供参考。如英国的危机公关专家里杰斯特提出的 3T 原则，分别是主动沟通原则、全部沟通原则、尽快沟通原则。我国的危机公关专家游昌乔提出的 5S 原则，分别是承担责任原则、真诚沟通原则、速度第一原则、系统运行原则、权威证实原则等。

五、酒店安全危机公关的工作要点

（一）快速的反应

在危机公关中，常常有"黄金 24 小时""速度第一"的说法，都表明了时机对于公关的重要性。把握住时机，公关效果就会事半功倍，反之则事倍功半。为此，组织应当在危机爆发后的"黄金一小时"内做出危机反应。这种反应可以是阶段性的努力，不一定能够彻底解决危机问题，例如及时地披露一些信息，及时降低危机事件对消费者的影响等。酒店对于危机做出快速的响应，反映出酒店在危机管理方面的态度和责任心，会直接影响公众对酒店品牌形象的认知。

（二）言行的一致性

所谓一致性主要有两方面的含义，其一是指陷入危机事件中的酒店，需要用"一个声音说话"，要求所有危机小组官方发言人传播的信息准确且具有一致性，并阻止组织其他成员变成非官方发言人，只有酒店对外做出的反应和表态具有一致性，那么酒店的行为和态度才具有较高的可信度：

一致性的另一个含义是指酒店在危机管理的沟通策略方面，应具有一贯性的逻辑思路和安排，即酒店需要尽快查明导致危机事件来源等信息，并依据具体的情境选择对应的沟通策略。如表 4-3 所示就是学者 Coombs 建议的针对不同危机情境的沟通反应策略。

表 4-3　危机沟通反应策略及危机情境对应表

主策略	子策略	内容	适用情境
否认立场	回击	直接对外界的责备和质疑做出回击	谣言
	否认	通过充分的证据去直接否认危机的存在	谣言
	寻找替罪羊	指认其他组织或个人承担危机的责任	尽量避免
淡化立场	辩解	运用合理的借口去淡化外界对危机责任的关注，并且突出危机的不可预知性	较弱责任归因的危机
	正当化	通过强调危机事件当中占据优势的部分（如，没有造成财产损失、人员伤亡等）去淡化外界的评议	较弱责任归因的危机
重塑立场	补偿	对危机受害者进行妥善安置，并做出合理的补偿	存在明显受害者的危机
	道歉	承认危机责任，并且做出诚挚的道歉	有证据证明组织应承担主要危机责任
支持立场	提醒	对组织过往所做的好事进行强调，转移公众视线	组织有较好的前期声誉
	赞扬	赞扬利益相关者，潜移默化间感染他们参与支持组织的行动中去帮助组织化解危机形势	有外部力量支持的危机
	受害者	强调自身在危机事件中同样也受到了打击和伤害	产品中伤、黑客、工作场所暴力、自然灾害

（三）反应的公开性

　　酒店危机管理的全程都应该被纳入沟通公关之中。为此，危机发生后，酒店所做出的一切努力和举措，都需要通过合适的途径让媒体和公众知悉。将一切放在太阳底下，反而会增强公众对酒店的信任。如果采取遮掩的策略，则会导致相反的结果。

（四）真诚的情感沟通

　　态度与情感的交流是危机管理和沟通获得成功的重要保证。对待危机事件受害者和社会公众时，酒店应该表现出真诚的态度和具有同理心的言行，这样能够让公众更容易接受酒店所做出的努力。

　　例如美国希尔顿酒店面对危机事件所采取的行动就较好地践行了上述的公开性和真诚

性的要求。有两个住客在希尔顿双树旅馆成功预订了一个房间，但两人前往登记入住时，不仅没有得到预订的房间，反而被工作人员粗鲁对待。这两位顾客随即将整个事件经过告知酒店管理层和自己的朋友和同事，媒体也将这一负面消息大肆传播，双树旅馆很快成为服务行业内最大的笑话。一些传统媒体的评论员们也将这一消息载入新闻报道和社论中，借此讨论双树旅馆对消费者的冷漠和网络对于公众舆论的影响力。对此，酒店管理层迅速做出反应：一是诚心向顾客道歉，并向慈善机构捐款作为双树旅馆的悔过之举。二是管理层承诺重新修订旅馆的员工培训计划，全力避免类似事件的再次发生。三是通过公众媒体直播酒店高层与两位顾客的协商过程，以示对此次事件的重视，希尔顿酒店的一系列的危机公关取得了消费者与舆论的谅解，把负面影响降到了最低。

（五）认真地配合媒体

危机事件发生后，酒店应该积极主动配合媒体工作，在信息披露、新闻发布等方面为媒体工作者提供力所能及的帮助。例如对刚刚发生的事件要设专人管理、掌握媒体对事件的报道情况。对前来采访的新闻媒体要坚持宜疏不宜堵的原则，做到积极应对。用真诚的态度、精练准确的语言、主动热情的行为来参与媒体记者的新闻报道。必要时可以提供较为全面的信息和新闻通告，以便能够切实把握好现场的对外报道局面，防止事态扩大，力求最佳效果。

若事件已产生社会负面影响，则酒店可以考虑迅速组织力量，利用各类媒体的记者，组织大量的正面报道，从而借助正面的声音来压制和消除此前的负面影响。

（六）普及危机公关培训

由于危机管理具有全员性的特点，因此，在危机公关方面，酒店也应该针对所有的员工开展必要的培训。要让员工对常见的与媒体沟通互动的技巧与方式，正确的信息披露途径等都有较为初步的了解。

六、紧急情况的应对与管理

现代酒店的安全管理也包括对一些紧急情况做出应对管理，主要包括以下几方面。

（一）客人物品报失，被盗、被骗及遗留物品的处理

1. 客人物品报失处理

酒店员工在接到客人的报失报告后，应立即向保安部或本部门领导汇报。保安部接到

报告后，主任或当班主管应立即派人会同大堂经理前往了解情况。在了解情况时，应详细记录失主的姓名、房号、国籍、地址，丢失财物的名称、数量，物品的型号、规格、新旧程度、特征等。

要尽量帮助客人回忆来店前后的情况，丢失物品的经过，进店后最后一次使用（或见到）该物品是什么时候，是否会错放在什么地方。在征得客人的同意后，协助客人查找物品（在客人的房内查找物品时，一定要让客人自己动手寻找），如一时找不到客人报失的物品，请客人将事件经过填在《客人物品报失记录》上。

如果客人的物品是在酒店公共区域内遗失的，要及时同前厅、客房和大堂经理联系，询问是否有人捡到，若仍无下落，应派人寻找。如果客人的物品是在酒店范围以外丢失的，应让客人亲自去公安部门报案，酒店可派人随同前往。酒店工作人员如遇客人来电查询房内遗留物品事宜应上报领导，由客房部领班会同大堂经理前去客人指定的地点寻找。如在客人离店前报失的物品还没有找到，应向客人说明查找情况，请客人留下详细通信地址。在客人离店后，查找到其所丢失或失窃的物品，要按客人留下的地址迅速同客人取得联系。如果对方要求把丢失的物品邮寄给客人，应用挂号的方式把物品邮寄回，费用一般由客人支付。由于酒店的责任而使客人物品丢失并找回的，其邮寄等项费用由酒店承担。保安部要详细记录客人的报失经过及处理结果。

2. 客人物品被盗、被骗的处理

客人报失的事件被确认为被盗或被骗时，保安部经理要立刻亲自处理。

（1）详细记录客人物品被盗或被骗的经过，失主的姓名、房号、国籍、地址，丢失财物的名称、数量，物品的型号、规格、新旧程度、特征等。如果客人的物品是在酒店内被盗，并留有现场，则应立即保护现场。保安部经理要把被盗或被骗经过立即向总经理汇报，同时向公安机关报告。受害人是国内客人，向派出所报告；受害人是外国人，应向公安局外管处报告。

（2）保安部要组织调查，并配合公安机关立案侦破。如在客人离店以后追回被盗的物品，则要按客人留下的地址迅速与客人取得联系，用挂号的方式把物品邮寄给客人，将挂号回执留存。如果客人被盗的是护照，则要报告当地旅行社，由旅行社开具报失证明，让失主持证明向当地公安部门报失，再由公安部门出具报失证明，然后由失主本人持报失证明亲自到所在国驻我国使、领馆申办重领护照手续。领到新的护照后，失主本人应再到当地公安局办理签证手续。如丢失中国护照，则由当地旅行社开具证明到当地公安局（厅）或其授权的公安机关领取新护照，并办理签证手续。客人信用卡、旅行支票等有价单据如果被盗，要及时同有关银行取得联系，并通知有关兑换点。

3. 客人遗留物品的处理

任何员工在酒店内发现客人的遗留物品必须设法交还客人,如客人已离店或一时找不到失主,应立即上交本部门领班或主管,由主管交客房中心造册集中管理。对客人遗留的较为贵重的物品,要尽快同客人取得联系,征求客人对所遗留物品的处理意见,并尽快将遗留物品归还给客人,所发生的费用一般由客人承担。

客房中心应对暂时无人认领的客人遗留物品登记造册,详细记录遗留物品的名称、数量、品种、规格、型号以及发现物品的地点、发现人等。贵重物品要存放入保险箱内,或指定专人保管。无人认领的物品在客房中心保管三个月;无人认领的贵重物品保管六个月后上交有关部门。客人遗留的色情书、报、杂志应交保安部处理。

(二) 顾客违法行为处理

1. 国内客人违法的处理

凡国内客人在酒店内犯有斗殴、盗窃、赌博、吸毒等违法行为,均要视情节轻重按照国家有关法律、法规进行处理。

(1) 当值班的保安部人员在接到客人违法的报告后,要立即向领班汇报,同时视情况采取相应的处理措施。领班在接到报告后,应前往现场了解情况,保护和维持现场秩序,记录当事人的姓名、房号、身份等。对一般纠纷,保安部可出面进行调解;对于较严重的事件,要立即通知保安部主任到场;对重大违法案情,保安部主任要立即通知总经理和公安部门。

(2) 保安部应安排人员对违法人员进行监控,等候公安人员到达;不要对被监控人员进行关押,要对其说明须等候公安人员前来处理;保安部人员也不要对犯罪嫌疑人进行搜身。对正在实施犯罪行为的人员,可将其制服并严加监视,防止逃脱并立即移送公安机关,或通知公安部门派人前来。事件处理完毕后,把事件全过程及处理情况向上级主管机关保卫部门报告。

2. 境外客人违法的处理

境外客人违法,是指外国人、海外华侨等人,在酒店内违反我国法律的行为。处理境外客人违法事件要慎重,要有理有据,要依法办事。

(1) 根据属地优先权的原则,凡是在我国领域内犯罪的人,都适用我国的刑法。我国新《刑法》第六条规定:"凡在中华人民共和国领域内犯罪的,除法律有特别规定的以外,都适用本法。"还规定:"犯罪的行为或者结果有一项发生在中华人民共和国领域内的,就认为是在中华人民共和国领域内犯罪。"以下的三种情况都认为是在我国领域内犯罪：第一，犯罪的行为和结果都发生在我国领域内，如1989年我公安部门破获了一起伊朗公民在北京十多家酒店先后三十七次用已挂失的旅行支票骗兑十多万元人民币兑换券的诈骗案件；第二，犯罪行为发生在我国领域以外，而结果发生在我国领域以内，如犯罪分子在国外印制假钞，而在我国境内使用；第三，犯罪行为发生在我国领域内，而结果发生在我国领域之外，如犯罪分子从我国往国外邮寄装有爆炸物的邮件，在国外发生了爆炸事件。

（2）酒店员工发现境外客人违法情况后，要立即向保安部报告。保安部在接到境外客人违法的报告后，由保安部主任出面处理。保安部主任应会同大堂经理立即到现场了解情况，在找客人了解情况时要谨慎，要弄清客人身份，了解客人是否具有外交特权或豁免权。如客人是外交人员或具有外交豁免权人员，应立即同外事办公室联系，通过外交途径解决。对享有外交特权或豁免权的客人，应对公安人员说明。

（3）对于境外人员的一般纠纷，保安部可出面进行调解；对较严重的事件，要立即报告总经理，并向公安局外管处报告，同时组织、安排人员保护和维持现场秩序，对违法人员进行监控，要对客人说明，须等候公安局外管人员前来处理。在整个事件处理完毕后，要把事件全过程及处理情况记录留存，并向上级机关和有关部门报告。

（三）停电事故的处理

较大型的酒店应当实行两路供电，在一路停电的情况下，另一路自动供电。如果有条件，酒店还应配备发电设备；如果本地区发生特殊情况，停止供电，工程部应启用应急发电机。此外，酒店的主要营业点和公共场所还应配备一定数量的应急照明灯。

一旦酒店发生停电，各营业点和公共场所当班的最高行政领导要立刻负责本工作区域的安全工作。当班的服务员应保持镇静，稳定客人情绪，请客人稍等片刻。

在酒店发生停电的情况下，门卫人员要劝阻无关人员进店；巡逻人员重点保护公共场所的财产；保安部管理人员组织人员对各点进行巡查，防止意外情况的发生；有关人员立即检查是否有人被关在电梯内，如有人被关在电梯内，要安抚客人，并尽快将其救出；舞厅等人员较集中场所的经理，要立即前去稳定客人情绪，防止混乱发生；各部门人员要负责安抚本工作区域客人的情绪；工程部主任应立即组织人员检查停电原因，保护重要的设施、设备，尽快恢复供电。

（四）防风、防汛应急预案

为了有效地预防台风、水灾等自然灾害的破坏，将台风、水灾对酒店造成的损失降到最低限度，酒店应制订防风、防汛警报应急方案。酒店防风、防汛警报应急预案内容包括以下几方面。

1. 接1、2号风球信号和防汛通知

当接到气象局发布台风预警信号，悬挂1、2号风球或当地广播、电视发布有关防汛通知时：

（1）保安部经理必须赶到现场。

（2）通知总经理、驻店经理等同时做好防风、防汛的准备工作。

（3）在室外值班的保安员检查酒店外墙的玻璃窗是否关闭，将外围用电设备和电源关闭，以免造成短路发生火灾。

（4）消防中心人员检查首层、地下层，关闭所有消防门，检查预先准备的沙包。

2. 接3号风球信号和汛情通知

当接到气象局发布悬挂3号风球或广播、电视预报未来几小时汛情通知时：

（1）保安部所有人员必须赶到酒店各就各位，保安员戴头盔，着战斗服、雨鞋等。

（2）加强巡逻，发现玻璃窗破碎，及时报告工程部，用木板暂封闭窗口，以防造成更大的破坏。

3. 接4、5号风球信号和防汛紧急通知

当接到气象局发布悬挂4、5号风球或广播电视发出防汛紧急通知时：

（1）所有人员保持对讲机联络畅通。

（2）室外各岗位必须两个人同行不断巡逻，一切行动听指挥，发现问题及时报保安部经理；劝告客人不要在酒店的外围走动。

（3）广场保安指挥车辆不能停在风口、紧急出口处。

（4）通知大堂经理、医务室，做好抢救准备。

（5）安排人员在楼层进行巡逻，防止不法人员进行破坏，防止盗窃及恐慌骚乱，其他人员随时准备协助医务人员抢救受伤者。

（6）如预先准备的沙包不够，紧急状态下，可经总经理批准，采用仓库食用面、米、客房被褥、枕头等救险。

4. 事后检查抢修

（1）待台风、水灾过后，立即派出人员在酒店周围、楼顶、重点部位（煤气房、配电房、锅炉房）进行检查，向经理报告损坏情况，是否还存在危险。

（2）及时与工程部联系抢修补救工作。

（五）客人伤、病、亡的处理

1. 客人伤、病的处理

客人伤、病，是指客人在酒店内生病或受伤。由于酒店内的专业医护人员数量少，更多的小型酒店则没有专门的医务人员，所以酒店应选择一些员工进行有关急救方面的专业训练，在遇到客人伤、病的时候能进行急救。没有专设医务室的酒店，应当备有急救箱，配备一些急救时所必需的医药用品和器材。

客房部的服务员，若发现客房门上长时间挂有"请勿打扰"牌，应多加留意，并通过电话进房询问。酒店员工在店内发现客人伤、病要立即通知医务室，并视情况向保安部报告。接到报告后，保安部经理应会同大堂经理前去了解情况。医务人员根据客人的伤、病情况，决定是否送医院详细检查治疗。如酒店无专业医务人员，在进行简单的急救后，应立即送医院或通知救护站，绝不可延误时间。对送医院抢救的客人，酒店要派人员会同客人的亲属、领队等一道前往。外国客人一般需要到当地指定的医院就诊。住院治疗期间，客人如果须用自带的药品治疗，应征得医院的确认和同意。客人如须动手术或伤、病情况较为严重，必须由医生通过翻译让伤、病者的亲属或领队在手术书上签字表示同意。由于酒店的原因致使客人受伤的，酒店要同客人协商赔偿事宜。一切事项处理完后，酒店应写出客人伤、病情况及处理报告，呈报有关部门并存档。

2. 国内客人死亡的处理

国内客人死亡，是指我国国内客人在住店期间发生在酒店内的因病死亡、意外事件死亡、自杀、他杀或其他原因不明的死亡。除前一种属于正常死亡外，其他均为非正常死亡。

（1）任何人员发现国内客人在酒店内死亡，必须立即向保安部报告。保安部人员在接到客人死亡的报告后，立即报告保安部经理，同时前去查看并保护现场，简要查明客人死亡的地点、时间、原因和客人的身份、房号等情况。保安部经理接到报告后，应立即通知总经理、大堂经理和医务人员前去现场。

（2）客人若未死亡，应立即送医院抢救，保安部派人与大堂经理和医务人员同往，同时要求客人的亲属、同事和领队一同前往。对已死亡的客人（客人是否死亡要由医务人员诊断），保安部应立即封锁现场，并立即向公安部门报告，迅速开展调查工作。尽快查清客人的姓名、性别、年龄、地址、所属单位、接待单位、身份和客人的死亡日期、时间、地点、原因，医生诊断情况和目击者等情况，迅速同旅游接待单位或死者的工作单位及亲属取得联系。

（3）如属非正常死亡，要对现场的一切物品加以保护，严禁他人接近现场，不得挪动任何物品。处理交通事故死亡，须有交通监管部门的《责任裁决书》和《事故死亡证明》。对国内客人在酒店内死亡的情况，除向上级领导和公安部门汇报外，任何人不得对外泄露。在一切事项处理完毕之后，要由参加处理的工作人员把抢救、死亡及处理的全过程详细记录并留存。

3. 国外客人死亡的处理

国外客人死亡，是指具有外国国籍或无国籍的客人在酒店内因病死亡、意外事件死亡、自杀、他杀或其他原因不明的死亡。处理外国客人在酒店内死亡的事件要按照我国的《外国人在华死亡后的处理程序》《维也纳领事关系公约》及有关双边领事条约和国际惯例等国际、国内的规定办理。

（1）酒店内任何人员发现国外客人在酒店内死亡，必须立即向保安部报告。保安部人员在接到客人死亡的报告后，初步查明客人死亡的地点、时间、原因和客人的身份、国籍、房号等情况，立即报告保安部经理，并前去查看和保护现场，同时通知总经理、大堂经理和医务人员前去现场。若客人尚未死亡，应立即送医院抢救；酒店派负责人与大堂经理和医务人员同往，同时要求客人的亲属、同事和领队一同前往。对已死亡的国外客人（客人是否死亡要由医务人员诊断），应派保安部人员保护好现场；保安部要封锁现场区域，查清并详细记录死者姓名、性别、年龄、国籍、常住地址、身份、死亡日期、时间、地点、原因，医生初步诊断隋况、目击者、先期处理情况等，迅速同外国领队、接待旅行社或接待单位取得联系。

（2）如属非正常死亡，要对现场的一切物品加以保护，严禁任何人员接近现场，不得挪动任何物品；立即向公安部门报告，并协助开展前期调查工作；及时报告中国旅游紧急救援协调机构。根据《维也纳领事关系公约》或有关双边领事条约的规定以及国际惯例，外国人在我国死亡后应尽快通过我国政府有关部门（省、市外办）通知死亡者所属国驻华使、领馆。如果死亡者国籍所属国同我国签订有领事条约，而条约中含有关于缔约国国民死亡规定的，应按条约中的有关规定办理。

（3）外国人在医院经抢救无效死亡，要由参加抢救的医生向死者亲属、领队及死者的生前好友或代表详细报告抢救全过程。对于死者旅行团队无领队和死者家属未随同来华的，国内组团旅行社负责通知有关海外旅行社，并向死者家属发慰问函电。参加抢救的医生要写出《抢救经过报告》并出具《死亡诊断书》，由主任医师签字盖章，并将副件交给死者亲属、旅行团领队、地方接待单位以及酒店。

如属正常死亡，须由县级以上医院出具《死亡证明书》。如死者生前曾住院治疗或经抢救，应其家属要求，医院可提供诊断书或者病历摘要。一般情况下（正常死亡）不做尸体解剖，如果对方坚持要求解剖尸体，应由领队或者死者亲属提出书面申请，由接待单位到公证机关办理公证书后，方可进行。非正常死亡的，由公安机关的法医出具《死亡鉴定书》。对外公布死因要慎重。如死因不明确，或有其他原因，待查清或内部意见统一后再向外公布和提供证明。如属于交通事故死亡，须有交通监管部门的《责任裁决书》和《事故死亡证明》。

对于非正常死亡的外国人，在得到公安机关的认可后，其遗物由其亲属或领队、公安部门、接待部门和酒店代表共同清点，列出清单，由上述人员在清单上签字，一式两份，由中外双方保存。死者遗物由亲属或领队带回国。如死者单身在华，遗物可直接交给来华的亲属，也可交驻华使、领馆铅封托运回国。如死者有重要遗嘱，应将遗嘱复制或拍照后交驻华使、领馆转交，防止转交过程中发生篡改。

（4）外国人若在华死亡，一般应以在当地火化为宜。遗体火化前，应由领队或者死者亲属或代表写出《火化申请书》，交我方保存。在火化前，可由全团或领队、亲属、代表向遗体告别。告别现场应拍照留存。对方如提出举行追悼仪式，可以由接待单位致简单悼词，并送花圈。死者骨灰由领队、死者亲属或其代表在签写书面材料后带回国。

（5）在办理好上述手续后，凭《死亡诊断书》去市公安局外事处办理注销签证手续。死者家属如果要求将遗体运送回国，除办理上述手续外，还要做尸体防腐处理，并发给《装殓证明书》；由地方检疫机关发给死亡地点至出境口岸的检疫证明，即《外国人运带灵柩（骨灰）许可证》，然后由出境口岸检疫机关发给中华人民共和国×××检疫站《尸体/灵柩出境许可证》；由死者所持护照国驻华使、领馆办理遗体灵柩经国家通行护照。

死者亲属须来华处理后事的，要弄清具体人数、航班，并派人去迎接，同时提前准备房间。死者的医疗、抢救、火化、尸体运送等费用，一般由死者家属自理，有肇事方的由肇事方承担。

（6）国外客人在酒店内死亡的情况，除向上级领导和公安部门汇报外，任何人不得对外泄露。一切事项处理完毕之后，由参加处理的工作人员把抢救、死亡及处理的全过程详细记录，分送有关部门并留存。

（六）突发事件的处理

1. 打架斗殴、流氓滋扰的处理

易发生打架斗殴、流氓滋扰的场所主要在酒店大门、大厅、舞厅、卡拉 OK 厅、酒吧、停车场及其他公共娱乐场所。对容易发生打架斗殴、流氓滋扰的区域要重点防范，并配备警卫或加强巡逻。

舞厅、酒吧工作人员，在工作时要注意饮酒过量的客人，如有发现，应礼貌地劝阻。酒店员工一旦发现店内有打架斗殴、流氓滋扰的情况，要立即制止并保护客人，同时报告保安部，并视情况有礼、有节地进行劝阻。

保安人员到达后，应将打架、斗殴双方带离现场，以保证酒店的正常秩序。将打架、斗殴双方带到保安部后，要分别了解情况，以防发生进一步冲突。对于一般轻微事件，保安部可进行调解；如属流氓滋扰，应报告派出所前来处理。

大堂经理负责检查店内的物品是否有损坏并确定损坏程度及赔偿金额，以向肇事者索赔。

2. 突发暴力事件的处理

突发暴力事件，是指发生在酒店内的抢劫、行凶等严重突发事件。酒店平时要做好安全工作，预防突发暴力事件的发生。

酒店内一旦发生突发暴力事件，发现人要立即打电话通知保安部，报告时不要惊慌，要讲清发案的现场情况。保安部接到报警后，要立即调集保安人员携带对讲机赶赴现场（必要时可携带电击器等器具）。保安人员通过对讲机将现场情况报告给保安部主任、总经理及公安机关，同时立即视情况着手处理。如犯罪分子还在现场附近，保安人员应尽力将其制服。保安部要划定警区，维护现场秩序，劝阻围观人员，保护好现场；若有伤员，应立即派人护送去医院抢救；向当事人、报案人、知情人了解案情，做好记录并拍照；对犯罪分子派人看守，防止其逃脱；保管好客人遗留的物品，并逐一登记；公安人员抵达后，应将现场情况向公安机关报告，并协同公安机关做好有关善后工作。

（七）对爆炸物及可疑爆炸物的处理

我国《旅馆业治安管理办法》规定："严禁旅客将易燃、易爆、剧毒、腐蚀性和放射性等危险物品带入旅馆。""对违禁物品和可疑物品，应当及时报告公安机关处理。"按照国家的要求，酒店应对店内的一切爆炸物品严格管理，建立一套防爆安全管理程序和制度。

1. 接到炸弹威胁电话的处理

酒店接到电话时一般有两种可能性：第一，打电话的人确实知道或者认为有人在店内放置爆炸物。报告人想减少人员伤亡和财产损失。第二，打电话的人想制造紧张和恐怖的气氛。

酒店工作人员在接到有关爆炸物威胁的报警电话时应采取下列措施。

（1）想办法把打电话的人拖住，让他把电话的内容重述一遍，把他讲的每个字都记下来。

（2）如打电话的人没有说明爆炸物放置的地点或可能的爆炸时间，应尽可能向他询问这一情况。

（3）仔细辨听电话内的背景声音，如是否有背景音乐、汽车声或者其他噪声。

（4）注意打电话的人的声音（男、女）、情绪（镇定、激动）、口音及口头语等。

（5）如两人在场，接电话的人可示意另一人向总机询问电话来自何处，并立即报告保安部门。

（6）如报告者声称自己是安放爆炸物的人，应尽量说服他放弃这一企图。

（7）如打电话的人不愿意讲下去，接电话的人可假装听不清，并问以下一些问题：爆炸物何时起爆？爆炸物在什么地点？何种类型的爆炸物？你现在在何处？

2. 搜寻

在接到店内有爆炸物的报告后，酒店应立即报告当地公安机关并组织人员进行搜寻。搜寻工作程序应在平时制定好。搜寻重点如下。

（1）各部门搜寻分工

工程部：迅速检查配电房、机房以及店内的其他一些重要的电器设备；检查消防设施及器材。

客房部：迅速检查垃圾处；检查消防通道。

前厅部：搜查大厅各处；检查电梯内；检查行李房。

保安部：搜查酒店外围区域；检查停车场。

（2）搜寻重点

酒店内部：花盆；沙发；立式烟灰缸；报纸杂志架；卫生间内纸篓、便盆、存物柜等。

酒店外部：草丛、花盆；垃圾和废物箱；附近的车辆；角落。

搜寻时以两人为一组。进入待搜寻的区域后，先静静地站在那里，听一听有没有闹钟定时装置的声音，看看有没有异常的情况，再开始搜寻。

3. 发现爆炸物或可疑爆炸物时的注意事项

发现爆炸物或可疑爆炸物时应注意以下几方面。

（1）不要随意触动，更不能碰到启爆装置。

（2）处理可疑爆炸物外面的包装时，不要直接打开包装。

（3）如怀疑可能是爆炸物时，应立即把该物的地点、发现时间、物体的形状报告公安部门和上级机关。

（4）严格保护好现场，尤其是注意爆炸物旁边的物品；保护好手印、足迹等；防止无关人员进入。

（5）在检查可疑爆炸物时，应由专业人员进行，其他人员要远离现场。

4. 对手提物品的检查

在酒店内部如发现无人认领的手提物品或需要检查可疑的手提物品时应注意以下几方面。

（1）先查看手提物品的拉链是否有绳头连接。

（2）拉开手提包时，一点一点地慢慢拉，用手轻轻地在包内摸有无异常的东西。

（3）检查可疑的箱子时，先把箱子轻轻地捆起来，然后将箱子移到安全地带，把箱锁打开。用一根绳子一头拴在箱盖上，剪开捆箱的绳子，人员疏散到 50 米以外，然后拉绳。

（4）如果物品是用木板制作的，从物品的侧面拆除。

5. 防爆管理

酒店任何人员发现爆炸物或可疑爆炸物后，应迅速向酒店保安部报告。在发现爆炸物或可疑爆炸物后，不要轻易触动物体，尽可能保护、控制现场。接到报警时，要问清爆炸物或可疑爆炸物的确切地点、发现时间、形状及大小等情况。保安部接到报警后，应立即通知下列人员到达现场：保安部主任、值班总经理、工程部主任和爆炸物所在部门的部门经理。

保安部经理到达现场、确认为爆炸物或可疑爆炸物后，应立即通知公安机关。保安部主任应组织人员部署以爆炸物或可疑爆炸物为中心的警戒线，控制现场。

总经理应组织临时指挥部，协调各部门工作，统一下达命令，部署有关部门做好善后工作。爆炸物所在部门的经理负责疏散本区域的人员及物资。大堂经理向客人解释发生的有关情况，稳定客人的情绪。医务人员做好抢救伤员的准备，随时准备同市急救中心联系。车队驾驶员做好抢救伤员所需要的车辆准备工作。店内的其他人员坚守工作岗位，不要轻易接近危险物品，等待专业防爆人员前来处理爆炸物或可疑爆炸物。

有条件的酒店可以事先准备好防爆氮气瓶。例如，广州花园酒店在举行一些重大活动时，常将防爆氮气瓶放置在现场，一旦发现爆炸物或可疑爆炸物时，立即将该物品放入冰桶内并注入氮气（$-300℃$）使炸弹结冰、失去作用，然后将物品搬离现场。

（八）重要宾客的警卫

酒店重要宾客一般是指公安机关列入的特级和一、二、三级保安任务的客人，或因某种特殊原因需要酒店给予特别保护和保安的客人。

（1）首先要尽量了解客人方面的基本资料，如国籍、年龄、性别、嗜好、风俗习惯、禁忌、入住酒店的房号、其间行程安排、在酒店内要去的场所或区域、所经路线等。

（2）如接待外国重要客人，除了解以上资料外，还要了解客人国内外的敌对势力情况，与客人前后到达的是否有其他敌对国的客人，并报公安机关。

（3）在客人未到达以前，首先配合公安机关对重要客人所要住的房间进行安全检查，对附近的消防设施、消防通道进行检查。

（4）根据受保护客人的保安标准，对房间进行封闭，并留人员看守。

（5）如客人在酒店内安排去其他公共场合，则须在客人预计要经过的路线用快步、中步、慢步的时间计算出来，将途中所有有可能突然出现人的门、通道等事先检查后，安排保安人员在门口或附近。

（6）当重要客人经过或停下来向公众招手时，保安人员一定要背向受保护人，面向公众和其他人员，特别留意人群中的异常情况和面目表情、眼神，并预计如果发生意外事故、险情，将如何紧急处置和用身体掩护等。

（7）对客人饮食应留样待查。

（8）重点保护好重要客人的车辆，不允许非接待和保安任务的一切人员和车辆接近。

（9）如重要客人在酒店的室外活动，事先应对附近的高层建筑物和制高点进行观察，有无缆车、吊船等危险物，对制高点上的人，一定要留意，以防万一，可派保安人员先去检查或暂封闭通往高层建筑物的道路或门。

（九）对精神病、出丑闹事人员的防范及处理

1. 外围防范

在酒店外车场、车库，由外围值班人员组成外围防范体系，发现精神病、出丑闹事人员可采用以下措施。

（1）重点控制酒店前门、后门、大厅、车场、车库及其他公共区域，对可疑人员进行查问。

（2）可采用跟踪观察、谈话等方式探明来人是否属精神病，并查清闹事原因。

（3）通过以下方法对可疑人员做出判断：①看——来人神色是否正常，衣着穿戴是否整洁；②闻——来人身上是否有酒气或异常气味；③交谈——来人谈吐是否颠三倒四，头脑是否清醒。如有异常现象，应立即控制，并妥善处理。

2. 内部处理

由各哨位保安、消防管理员及各部门员工组成内部处理体系，加强巡逻检查，发现情况，应采取如下措施。

（1）首先控制来人，以免事态扩大，可采取劝说、诱导等手段。

（2）迅速将来人带入办公室或无客人区域。

（3）查明来人的身份、目的、工作单位和住址。

（4）保安部领导和夜间值班经理将其送交公安机关。

（5）在不惊扰客人的情况下，调动一切可以调动的人力，采取一切可能的手段，将出丑闹事苗头迅速制止，尽最大努力把上述人员控制在一定范围或酒店外围，避免造成恶劣的公众影响。

第五章 酒店服务质量管理

酒店是服务性行业，服务质量是酒店的生命线，也是酒店的中心工作。本章从酒店服务质量基础入手，介绍了酒店服务质量的管理方法以及酒店服务质量改进。

第一节 酒店服务质量基础

一、酒店服务

酒店服务是指酒店人员借助酒店的有形设施，为满足宾客的各种需要而为他们做有益的事，这种与宾客接触的活动及酒店内部活动的结果，称为酒店服务。

（一）酒店服务必须依托于酒店的有形设施

没有这些有形的设施，酒店服务就失去了物质基础，因而，设施设备与实物产品质量对酒店服务质量有着直接的影响。

（二）酒店内部活动的重要性

酒店服务不仅包括酒店与宾客接触的活动，而且包括酒店内部活动的结果。酒店通常以劳务活动的形式，在与宾客接触的过程中为宾客提供服务。同时，酒店的内部活动及其产生的结果也是酒店服务质量的影响因素。例如，酒店员工的服务质量意识、酒店服务培训、酒店服务质量标准的建立、服务质量的检查与控制、部门与员工相互之间的协作等，均会对酒店服务质量产生深刻的影响。

（三）服务是酒店产品的核心

宾客来到酒店，购买和使用酒店产品，不是买走有形的酒店产品本身，而是购买其特定时间内的使用权。事实上，宾客所能购买到的主要是酒店服务，通过使用酒店产品和享受酒店服务，得到一种在其他场所得不到的利益。因此，宾客在酒店所购买和消费的酒店产品的核心是酒店服务。酒店服务质量的高低，对酒店产品的整体质量起着关键性的作用。

二、优质服务

美国酒店和汽车旅馆协会主席 W. P. 费希尔认为，优质服务是指服务人员正确地预见宾客的需要和愿望，及时地做好服务工作，充分满足宾客的需要和愿望，尽量提高宾客的消费价值，使宾客愿意与酒店保持长期关系。他用 service 的 7 个字母来解释优质服务的含义。

（一）态度（spirit）

从事服务工作的员工都必须具有良好的服务态度。管理者应选聘、培训、留住优秀的员工，做好服务文化建设工作，在整个酒店形成良好的服务态度。

（二）移情（empathy）

指服务人员设身处地为宾客着想，预见宾客的需要和愿望，并按照他们的需要和愿望，提供针对性强的服务。

（三）敏感（responsiveness）

指服务人员采取及时、适当的行动，满足宾客的需要和愿望。及时并不等于快速。有时，适当的节奏更重要。适当的服务指服务人员为宾客提供的服务既不能少，也不过多；既不粗俗无理，也不过分讨好。

（四）可见（visibility）

促使宾客感觉、体验到服务人员正在为自己服务，服务环境中的每一个人都应知道服务工作情况。

（五）创造性（inventiveness）

有时，员工须具有创造力，才能为宾客提供优质服务。服务人员可能需要为宾客提供额外的服务，须打破常规，解决宾客所面临的特殊问题，为宾客提供后续服务。服务人员不可能在酒店的服务程序和规章制度中找到服务工作中一切问题的答案。要为宾客提供优质服务，服务人员就必须有创造力。

（六）能力（competency）

服务人员掌握必要的服务能力，才能为宾客提供优质服务。服务人员缺乏服务技能，必然会引起宾客不满。服务人员表现出殷勤服务的能力，才能在相互尊重的基础上与宾客建立良好的关系。

（七）热情（enthusiasm）

服务人员为宾客提供热情的面对面服务，才能最大限度地提高服务的消费价值。热情与态度紧密相连。热情的服务可给宾客留下难忘的回忆，使宾客成为酒店的常客。

三、酒店服务质量

酒店服务质量是指酒店提供的各项服务适合和满足宾客需要的自然属性，通常表现为满足宾客的物质需要和精神需要两方面。酒店服务质量有广义和狭义两种理解。狭义的酒店服务质量是指酒店服务人员服务劳动的使用价值，不包括任何实物形态的服务劳动。广义的酒店服务质量是指酒店以所拥有的设施设备为依托，为宾客提供的实物产品和服务在使用价值上满足宾客物质和精神需要的程度。本书所讲的酒店服务质量指广义的服务质量。

四、酒店服务质量的构成

（一）设施设备质量

酒店的设施设备是酒店有形的硬件部分，是酒店服务活动赖以存在的物质基础和依托，也是影响酒店服务质量高低的重要因素。酒店设施设备包括客用设施设备和供应用设施设备。客用设施设备也称前台设施设备，是指直接供宾客使用的设施设备，如客房设备、康乐设施等。供应用设施设备也称后台设施设备，是指酒店经营管理所需要的不直接和宾客见面的生产性设施设备，如制冷供暖设备、厨房设备等。

（二）实物产品质量

酒店实物产品质量是酒店服务的物质技术力量，可以直接满足宾客物质消费需要，其质量高低是影响宾客满意度的重要因素。实物产品通常包括餐饮产品、服务用品、客用品和商品等。

（三）劳务质量

酒店劳务质量是酒店对宾客提供服务的使用价值的质量。主要包括服务态度、职业道德、服务技能、服务技巧、服务方式、服务语言、服务效率、服务项目、礼貌礼节、安全卫生、生态环保等方面。

（四）环境氛围质量

酒店环境氛围由多种因素组成，它给宾客带来的感官冲击和享受成为宾客重复购买一家酒店产品和服务的重要影响因素。酒店环境氛围质量是指酒店的服务环境气氛给宾客带来的感觉上的美感和心理上的满足感，它包括自然环境氛围和人文环境氛围两方面。自然环境氛围是指酒店的建筑、装饰、内外自然风景、空间构图及色彩的运用和搭配而形成的环境氛围，主要表现在大堂、餐厅、酒吧、客房及楼层等场所。自然环境氛围应宁静、典雅、舒适、温馨，并富有美感和艺术性，给宾客以感官上的享受和心理上的满足。人文环境氛围是指员工的服务形象、仪容仪表、清洁卫生、员工之间及员工与宾客之间的人际关系等所形成的环境氛围。人文环境氛围体现了酒店的文化建设，酒店应力求人文环境氛围友好、和谐，有文化气息和酒店特色。

第二节　酒店服务质量管理方法

一、酒店服务质量分析方法

对酒店服务质量进行的分析能够找出酒店日常质量管理工作中的主要问题和引起这些问题的主要原因，以便有效地加以控制和解决。酒店服务质量的一切构成要素都是服务质量分析的对象。对服务质量进行分析评价时，常采用 ABC 分析法、因果分析法。

（一）ABC 分析法

ABC 分析法（ABC-Analysis）是依据"对应价值大小的投入努力"来获得非常有效的管理分析法。ABC 分析源自意大利经济学家巴雷特分析（Parteo Analysis）。巴雷特在 1897 年研究社会财富分配时，收集多个国家的收入统计资料，得出收入与人口的规律，即占人口比重不大（20%）的少数人的收入占总收入的大部分（80%），而大多数人（80%）的收入只占收入的很小部分（20%），所得分布不平等。他提出了所谓的"关键的少数和次要的多数"的关系。用来表示这种财富分配不平等的现象的统计图表称为巴雷特曲线分布图。后来，美国质量管理专家朱兰（Joseph M. Juran）将其运用到质量管理中，成为常用的质量管理方法。

ABC 分析法以"关键的少数和次要的多数"这一原理为基本思想，通过对影响酒店质量诸方面的分析，以质量问题的个数、质量问题发生的频率为两个相关的标志，进行定量分析。先计算出每个质量问题在质量问题总体中所占的比重，然后按照一定的标准把质量问题分成 A、B、C 三类。A 类因素，发生频率为 70% ~ 80%，是主要影响因素；B 类因素，发生频率为 10% ~ 20%，是次要影响因素；C 类因素，发生频率为 0 ~ 10%，是一般影响因素。这种方法有利于人们找出对酒店质量影响较大的一至两个关键性的质量问题，并把他们纳入酒店当前的质量管理体系中去，有针对性地采取对策。ABC 分析法既可保证解决重点质量问题，又可照顾到一般质量问题。

在运用 ABC 分析法进行质量分析时要注意：在进行问题分类时，每一类问题，尤其是 A 类问题包括的具体质量问题项目不宜太多，最好是一两项，至多只能有三项，否则将失去突出重点的意义。划分问题的类别也不宜太多，对不重要的问题可设立一个其他栏，把不重要的质量问题都归入这一栏内。ABC 分析法可称为 ABC 管理法或重点管理法，不仅在酒店质量管理中使用，还可用于酒店物资管理活动中。

（二）因果分析法

用 ABC 分析法虽然找出了酒店的主要质量问题，但是却不知道这些主要的质量问题是怎样产生的。对产生这些质量问题的原因有必要进行进一步的分析。因果分析法是分析质量问题产生原因的简单而有效的方法。

因果分析法是利用因果分析图对产生质量问题的原因进行分析的图解法。因果分析图形同鱼刺、树枝，因此又称为鱼刺图、树枝图。因果分析图对影响质量（结果）的各种因素（原因）之间的关系进行整理分析，并且把原因与结果之间的关系用鱼刺图表示出来。

因果分析法的程序主要如下：首先，确定要分析的质量问题，即通过 ABC 分析法找出 A 类质量问题；其次，发动酒店全体管理人员和员工共同分析，寻找 A 类质量问题产生的原因；再次，将找出的原因进行整理，按结果与原因之间的关系画在图上，对分析寻找出的原因应进一步确定主要原因，确定主要原因可以采用加权平均法，或者以原因为分析对象再次采用 ABC 分析法；最后，就形成了因果分析图。

二、酒店服务质量管理方法

在日常的酒店管理工作中常用下面两种方法来进行质量控制和管理。

（一）PDCA 管理法

在酒店中，众多小小的变革可能实现对整个酒店的持久改善，从而获得巨大的成效。PDCA 循环是由美国统计学家戴明博士提出来的，它反映了质量管理活动的规律。P（Plan）表示计划，D（Do）表示执行，C（Check）表示检查，A（Action）表示处理。PDCA 循环是提高产品质量，改善酒店经营管理的重要方法，是酒店服务质量保证体系运转的基本方式。

（二）零缺点管理法

零缺点管理法即 ZD 管理法。零缺点（Zero Defects，简称 ZD）是美国人克劳斯比（Crosbyism）于 20 世纪 60 年代提出的一种质量管理观念。零缺点管理的思想主张企业发挥人的主观能动性来进行经营管理，生产者、工作者要努力使自己的产品、业务没有缺点，并向着高质量标准的目标而奋斗。零缺点管理是以抛弃"缺点难免论"，树立"无缺点"的哲学观念为指导，要求全体工作人员"从开始就正确地进行工作"，以完全消除工作缺点为目标的质量管理活动①。零缺点并不是说绝对没有缺点，或缺点绝对要等于零，而是指要以"缺点等于零"为最终目标。

1. 建立服务质量检查制度

建立自查、互查、专查、抽查和暗查等五级质量检查制度，督促员工执行质量标准，预防质量问题的出现。

2. DIRFT

DIRFT，意即要求每个人第一次就把事情做对（Do It Right the First Time），没有"下不为例"，只要做错，必然受到处罚。

三、酒店全面质量管理

全面质量管理成全面质量控制（Total Quality Control，TQC）起源于 20 世纪 60 年代的美国，由美国质量管理专家费根堡与朱兰等人提出，最早在工业企业中运用，后又推广到

---

① 邓爱民，李明龙著：《酒店运营管理》，高等教育出版社 2019 年版。

服务性行业，取得了良好的效果。全面质量管理就是把经营管理、专业技术、数据统计和思想教育结合起来，形成从市场调查、产品设计、制造直至使用服务的一个完整的质量体系，使企业质量管理进一步科学化、标准化。我国在 1978 年引入目标管理等的同时引入了全面质量管理的方法，并开始在工业企业中推行，后又将其引入商业、酒店业等服务性行业，现已在各行业得到广泛应用，并取得了一定成效。

（一）酒店全面质量管理的含义

酒店全面质量管理是指酒店为保证和提高服务质量，组织酒店全体员工共同参与，综合运用现代管理科学，控制影响服务质量的全过程和各因素，全面满足宾客需求的系统管理活动。它要求以系统观念为出发点，提供全过程优质服务，达到提高酒店服务质量的目的。

（二）酒店全面质量管理的特点

1. 全方位的管理

酒店服务质量不仅包括有形产品质量，还包括无形产品质量；既有前台服务质量，又有后台工作质量。所以，酒店服务质量包括酒店工作的各方面，"100 − 1 = 0"即酒店服务不能出任何差错，否则就会全盘皆输。

2. 全过程的管理

酒店服务质量全过程管理有别于传统管理的两个观念：其一是侧重预防为主，防患于未然；其二是要求酒店内部树立"如果你不直接为宾客服务，你就应为宾客服务的人服务"的观念。

3. 全员参与的管理

酒店所提供的优质服务不仅是前台人员努力的结果，同时需要后台员工的配合才有保障。所以，全面质量管理要求全体员工都参与质量管理工作。

4. 全方法的管理

影响酒店服务质量的因素复杂。既有人的因素，又有物的因素；既有客观因素，又有社会、心理因素。全面质量管理要求酒店管理者能够灵活运用各种现代管理方法提高服务质量。

5. 全效益的管理

酒店的经济效益、社会效益和生态效益三者是紧密关联的，酒店全面质量管理的目标是实现酒店的全效益。

综上所述，全面质量管理是酒店以宾客需求为依据、以宾客满意为标准、以全过程管理为核心、以全员参与为保证、以科学方法为手段、以全效益管理为目标，运用全面质量的思想和观念推行的服务质量管理。它是达到酒店预期的服务质量管理效果的一种有效的管理方法。

第三节　酒店服务质量改进

一、酒店服务组织管理的基石——服务金三角

（一）"服务金三角"的含义

"服务金三角"是学者基于对服务行业广泛研究的基础上提出的。卡尔·艾伯修特作为美国服务业管理学权威，在总结了许多服务企业管理的实践经验的基础上，明确地提出了"服务金三角"的概念，并且把它作为服务业管理的基石。这一观点已得到企业界和理论界的认同。

"服务金三角"观点认为，在全世界，无论任何服务企业，如果想获得成功——保证使顾客满意，就必须具备三大要素：一套完善的服务策略；一批能精心为顾客服务、具有良好素质的服务人员；一种既适合市场需要又有严格管理的服务组织。简而言之，服务策略、服务人员和服务组织构成了任何一家服务企业走向成功的基本管理要素。把这一思想用图形表现出来，就形成了"服务金三角"（如图5-1所示）。

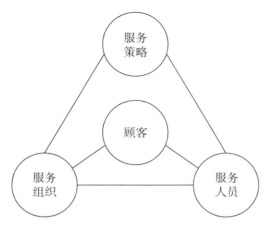

图5-1　服务金三角

由于"服务金三角"以清晰的构图反映了服务业管理中必须以顾客为中心的最本质的特点，同时又指出了加强服务业管理中最关键的三大要素，因此为世界各地服务业管理界所认可，并把它誉为服务企业管理的"基石"。尽管各种服务企业提供的服务是多种多样的，但是管理的基本模式基本上是一致的。因此"服务金三角"理论在酒店行业也有着广泛的适用。

（二）"服务金三角"的关键要素

服务策略、服务人员、服务组织是服务金三角的三大关键要素。

1. 服务策略

要使服务企业提供成功的服务，第一个关键要素在于企业必须制定一套明确的服务策略。制定服务策略必须要根据顾客的期望并加以细分化，使顾客的期望与企业提供服务的能力相配合，这样就可以为顾客提供满意的服务奠定一个良好的基础①。

服务市场的细分化是企业实施各项营销策略的基本前提，它是根据服务市场需求的多样性和购买者行为的差异性，把整体服务市场即全部顾客和潜在顾客，划分为若干具有某种特征的顾客群，以便选择确定自己的目标市场。市场细分化是目标市场确立的客观基础。

服务市场需求的差异性和顾客购买动机的差异性取决于社会生产力发展水平，市场商品供应的丰富程度以及顾客的收入水平。当社会经济落后，商品缺乏时，这些差异表现并不明显。但是当社会经济发展到一定程度，市场供应比较充足，购买力提高时，需求的差异性便鲜明地呈现出来。这一点，在顾客对服务的需求方面的变化尤其显得突出。例如，随着人们生活水平的提高，仅就提供纯劳务的新兴服务业就有：搬家服务、装修服务、心理咨询服务、法律咨询服务、电脑咨询服务等。但是，任何一个服务企业不可能同时满足众多顾客对服务的需求。因此，制定细分化的服务策略就显得更为重要了。

（1）实施细分化服务策略的作用。实施细分化服务策略的作用主要包括以下几方面：

①使企业提供恰如其分的服务。实施细分化服务策略最重要的作用在于可以针对不同顾客群的需求，根据企业的能力来提供恰如其分的服务。因为对于顾客来讲，如果企业提供的服务不能满足顾客的需求，顾客必然会离去。但是如果所提供的服务远远超过了顾客的需求，大大增加了服务成本，那么，即使服务的目标是正确的，也会因为成本太高而使

---

① 陈瑞霞著：《我国酒店业服务质量改进策略研究》，载《河南商业高等专科学校学报》2010年23期第2版，第63-65页。

企业破产。

②使企业服务能力与顾客需求保持相对平衡，服务这种"产品"是无形的，具有非贮存性。它不能像制造业那样可以用库存的手段来调节淡季和旺季的需求之差。对于服务业来讲，解决服务能力供需相平衡的最有效的方法就是把顾客的服务需求细分化，这样使许多顾客的服务需求可以变得比较容易预测，从而掌握其变化规律，减少因服务需求的大幅度起伏，造成服务供需之间的不平衡。

③使企业服务能力能充分满足顾客需求。实施细分化的服务策略，才能充分满足不同顾客的不同需求。任何一家企业都可以通过市场细分化，找到属于自己的目标市场——某顾客群体。然后对这一顾客群体再做某些程度的细分，划分出几个层次，研究每个层次的消费特征，并制定一套相应的服务策略，以满足不同顾客的不同需求。

（2）制定细分化服务策略的难点。尽管对服务的细分化和对营销的细分化有许多共同之处。但是，营销的细分化往往集中在顾客的明确需求即利用顾客买还是不买来判断某个目标市场是否存在；而服务的细分化则集中在顾客的期望，这是一种潜在的需求。

需求的确认较难，例如，顾客对购买某种家电都有相同的需求，但对购买家电过程所期望提供的服务，就会因顾客的经济条件、生活习惯和文化程度的不同而有所差异。收入不高的顾客期望得到较完善的服务，期望能使用较长的时间；而收入高的顾客往往对售后服务不太关心，因为他们不久就会考虑对家电更新换代。

此外，服务作为一种非具体的产品，它具有无形性。不同的顾客群有不同的期望，而只要企业提供的服务与顾客的期望稍有偏离，就会对顾客的满意程度造成冲击。此外，由于服务没有具体的产品可供检验，顾客往往会把服务和提供服务的系统联系在一起，即不同的服务提供系统，就会使顾客觉得所提供的服务产品存在差异。如顾客对提供理发服务的员工，不仅要看服务人员是否能理好头发，而且服务人员的衣着和谈吐也影响顾客服务的感受。解决这一问题的关键在于以下几点：第一，要把了解顾客期望的重点放在最重要的顾客身上。因为顾客的期望具有多样性，但是只有属于"关键少数"的顾客期望才最有代表性。第二，找出企业所能提供的服务与顾客期望之间的差异，来确定顾客的真正期望。第三，要按顾客的期望加以细分，尽可能对各种期望的顾客提供良好的服务。第四，企业还必须利用广告、承诺、价格等手段来约束顾客的期望。

2. 服务人员

要使服务企业能提供成功的服务，关键要素还有服务人员。因为对顾客来讲，与企业之间的接触是通过与企业第一线的服务人员来实现的，服务人员既是企业的代表，又是服务的化身，因此服务人员素质的高低对服务企业来讲极为重要。

服务企业第一线职工是要直接接触顾客的，这一点和制造业职工是大不相同的。例如，在生产流水线上的工人，由于其操作过程必须标准化和程序化，所以其中很少有不确定性的成分，甚至有时根本不需要判断力，一切只要按程序、按标准进行操作就可以了。但是作为服务业中的第一线职工，行业的性质决定了他们必须与顾客保持密切的接触，尤其是在这种接触中充满了不确定性，因为顾客的需求和期望具有多样性。服务人员在提供服务过程中，在很多情况下需要服务人员自行判断如何解决顾客的问题，有针对性地提供服务。因此要使企业能够提供顾客满意的服务，训练一支具有良好素质的服务员工队伍是必不可少的。

3. 服务组织

每一个服务企业都必须建立相应的服务组织，其目的是保证服务企业在确定细分化的服务策略以后，通过服务提供系统的建立和对提供服务过程的有效控制，使服务企业能及时准确地提供服务，以达到预定的目标市场中顾客的需求。

在服务企业内部建立相应的组织机构，除了可以起到把最高管理层所规定的目标能有效地贯彻到基层工作人员的作用以外，对于服务企业来讲，还有其独特的作用。

首先，服务企业职工本身的行为就构成了服务这一"产品"的组成部分，而制造业中工人的行为可以影响产品的质量，但不会构成产品本身的一部分。服务企业职工的服务行为对顾客所感受到的服务起到了重要的作用，而且越是提供无形服务比重高的服务，顾客的心理感受的分量就越重。

其次，由于服务产品具有无形性，不能贮存，所以很难依靠"库存"来解决供求之间不平衡的矛盾。最好的解决办法，只能靠有效的服务组织的管理者合理配置各种资源，以及消除各种"瓶颈"现象，提高服务企业的工作效率。

再次，服务具有生产和消费同时进行的特征，为使分散性的服务企业都达到规定的统一标准的要求，管理者有必要建立强有力的服务统一标准以及服务组织和管理部门，以对高度分散性的服务企业进行有效的控制。

最后，由于服务质量难于进行事后把关，所以必须有赖于服务企业有效组织机构的力量来进行事前控制。如果实现不了这一点，仅靠"事后把关"无法做到提供顾客满意的服务。

二、酒店服务质量改进体系

根据酒店业服务质量的构成和特性，在酒店中推进服务质量改进的基本点是：以顾客的物质需求和精神需求为依据，以提高顾客满意程度为标准，以领导支持、全员参与、各种制度和持续改进为保证，以服务的专业技术和各种适用的科学方法为手段，以取得最大的社会和经济效益为目的。

（一）酒店服务质量改进的原则

ISO 9000 中对质量改进的原则的描述是"组织的产品、服务或其他输出的质量是由使用它们的顾客的满意度确定的，并取决于形成及支持它们的过程的效果和效率；质量改进通过改进过程来实现；质量改进应不断寻求改进机会，而不是等待出现问题再去抓住机会"。酒店服务质量改进也有需要遵循的原则，主要包括以下几项原则：

1. 过程改进原则

酒店质量改进的根本是服务过程的质量改进，质量改进通过过程而实现。在酒店服务质量改进过程中，改进模式的确定、改进组织和团队的建设、改进方案的制订、改进目标的评价及改进过程的实施及监控等共同构成了酒店服务质量改进过程的质量改进环节。质量改进环节上的每一个过程都将直接影响酒店服务质量改进的效果和结果。因此，首先应对酒店服务质量改进全过程进行细化分解，直至质量改进环节的最基本单位；接着应明确酒店质量改进的目标和效果，从最小单位开始进行改进过程。

2. 持续性原则

酒店质量改进应以追求更高的过程效果和效率为目标，当今比较通用的质量改进步骤为：寻找不足—改进—巩固—寻找新的不足—新的改进—巩固。

酒店服务质量改进是以已有的酒店服务产品和服务过程为基础的，对服务过程中涉及的达不到顾客要求而造成顾客不满的问题进行原因分析，探讨解决问题的措施，并在征询顾客意见后，有效实施这些措施并评价其有效性。在完成了这一阶段的质量改进后，酒店就应进入下一轮新的改进，如此循环往复、持续不断。

3. 预防性原则

持续的质量改进包括"主动进攻型"改进，如通过头脑风暴法提出合理化建议，也包括纠正措施的"被动型"改进。但酒店质量改进的重点在于预防问题的发生，而不仅仅是事后的检查和补救。酒店服务质量改进的关键应该是消除、减少服务质量隐患，防止出现服务失误、顾客不满等问题。这就要求对影响酒店服务质量的诸多因素进行事前质量控制，如通过完善服务系统、修正服务标准和制度、提高服务人员素质、确立科学的人性化的服务程序等方面防止发生服务质量问题。只有这样，才能实现永久性的、根本性的质量改进。

除了上面提到的原则之外，还包括硬件质量与软件质量并重的原则、全员参与的原则、循序渐进的原则、持之以恒的原则、注重培训的原则、注重奖励的原则等。因而，酒店服务质量改进模式的构建应当结合以上所提出的改进原则，使建立的改进模式符合过程改进原则，符合持续性原则，符合预防性原则，符合硬件质量与软件质量并重、全员参与、循序渐进、持之以恒、注重培训、注重奖励等原则。

（二）酒店服务质量改进模式的支持体系

为了保证酒店服务质量改进模式的有效运作，需要建立与之相适应的支持体系，以便在组织上和制度上为酒店服务质量改进提供必要的支持。酒店服务质量改进模式的支持体系包括三部分：基本组织结构、全员参与、制度体系（如图5-2所示）。

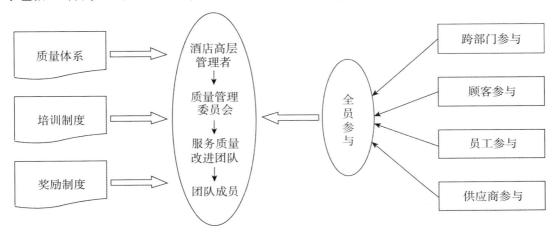

图5-2　酒店服务质量改进支持体系

1. 基本组织结构

酒店服务质量改进模式在基本组织结构方面主要分为四级：酒店高层管理者、质量管理委员会、服务质量改进团队、团队成员。

（1）酒店高层管理者。酒店服务质量改进必须由最高管理者发动，其过程的有效性是与最高管理者的投入成正相关关系的。没有高层管理者的承诺和支持，酒店服务质量改进就失去了人力、资源、财务等方面的有效支持，因而酒店高层管理者是酒店服务质量改进的最高组织者。

（2）质量管理委员会。质量管理委员会是由酒店的高层管理者委任并组成的，其成员主要是酒店的主要部门负责人。酒店质量管理委员会的基本职责是指导、协调酒店服务质量改进过程，并使其文件化、制度化和标准化是领导和运作酒店质量改进活动的有效工作平台。酒店质量管理委员会的成员并不直接参与解决具体的服务质量改进问题，他们的作用是确定服务质量改进的总体方针政策，支持和协助酒店质量改进活动。他们的责任是根据不同服务质量改进活动和过程的情况和特点，挑选并授权最合适的、符合改进活动要求的、能胜任的主管去承担该项任务，全权负责处理问题，将处理的结果定期向质量管理委员会报告，并传达质量管理委员会的指示。

（3）服务质量改进团队。服务质量改进团队是酒店质量管理委员会的直接下属组织，负责酒店服务质量改进的具体活动。质量管理委员会将酒店服务质量改进活动的任务授权给服务质量改进团队，由改进团队完成改进项目。服务质量改进团队不在酒店的组织机构图中，是一个临时组织，其形式如质量管理小组、服务质量改进小组、提案活动小组等。服务质量改进团队是解决酒店服务质量改进问题的一个有效的组织形式。

（4）团队成员。服务质量改进团队的成员来自酒店的各个部门，来自影响服务质量的各个不同领域，他们所掌握的技能和经验决定了完成酒店服务质量改进具体项目的有效性和效率。团队的成员可以由团队组长任命，也可以由酒店员工自愿申请参加。

2. 全员参与

在酒店服务质量改进的系统中，全员参与是服务质量改进工作的重要内容。全员参与是指酒店中的所有成员以及酒店相关者都积极、明确地参与到服务质量改进的活动中。全员参与主要体现在以下几方面：

（1）顾客参与。酒店服务质量改进的最直接的动力就是对服务质量提出新问题和新要求，而其中问题和要求的最主要来源就是酒店服务的接受者——顾客。一方面顾客可以提出酒店现有服务存在的问题和差距；另一方面顾客可以对酒店服务项目和服务质量特性提出更高一级的期望和要求。酒店应采用系统化、规范化的方法调查和分析顾客需求，通过问卷调查、鼓励顾客填写意见卡、认真对待顾客投诉、完善顾客档案等途径使顾客参与到酒店服务质量改进中来，从中找出改进的机会。所以，顾客参与是酒店服务质量改进的起始点，也是改进活动的重要输入活动。

（2）员工参与。酒店高层管理者不仅要重视改进活动的团队参与，而且同样要重视员工的个人参与。员工是组成酒店服务质量改进团队的成员，同时也是改进项目的具体实施和操作者，他们构成了酒店质量改进的基础。只有调动各个员工的积极性和创造性，提高各个员工的质量意识和能力，酒店服务质量改进才能有效开展和完成。酒店可以采取自上而下和自下而上的员工参与方式，由酒店管理者指派需要参与的员工，或者由员工自主报名参与。

（3）跨部门参与。酒店服务质量改进是一个复杂的系统性活动，涉及酒店的几个部门甚至所有部门。所以，酒店的所有部门（包括前厅、客房、餐饮、质量等部门）对服务质量改进过程的实施都负有责任。因此，为了使服务质量改进达到预期的效果，酒店应使每个部门都有权利和义务参与服务质量改进，使每个部门都清楚酒店服务质量改进过程的目标，以及质量改进过程的方法和技术。在改进项目的实施过程中，应当根据改进项目涉及的不同问题选择需要参与的部门和人员等。

（4）供应商参与。酒店对外部的依赖是任何酒店都不能忽视的共性问题。随着经济一体化的发展和供应链思想的成熟，企业之间的协作关系将更加密切和多元化。酒店的服务质量改进过程同样离不开供应商的参与和贡献。例如，某酒店发现机器自动折叠出的毛巾使得酒店的标志图案不能显示在正中间，这就需要酒店员工对毛巾进行重新折叠，既费时又费力。后来经过调查发现是由于供应商提供的毛巾的图案没有印在标准的位置，最后通过与供应商协调使这一问题得到圆满解决。因而，酒店应当积极地与供应商进行沟通，使其了解酒店服务质量改进的目标、要求等，使供应商能够配合酒店服务质量的改进。

3. 制度体系

制度体系主要包括质量体系、培训制度和奖励制度。

（1）质量体系。酒店质量体系的有效运行是服务质量改进活动得以成功的体系支持和保证。从长远角度出发，酒店为了持续、有效地开展服务质量改进活动，以追求卓越的质量经营业绩，就必须建立和完善酒店的质量体系，并确保体系的有效运行。良好的质量体系包括质量标准、质量原则、质量活动程序等。

（2）培训制度。酒店服务质量改进的顺利开展，还需要酒店培训制度的强力支持。科学、合理的培训能够有效提高酒店各个层次员工的知识和能力，进而推动酒店质量改进的有效进行。酒店的培训制度不仅应当保证酒店普通员工能够得到服务质量观念和改进技能方面的培训，而且应当保证酒店高层管理者也得到服务质量改进方面的培训。同时，酒店培训还要做到定期和持续，并选择合适的培训内容和培训方式[1]。只有如此，才能使酒店服务质量改进获取人力资源的支持，保证酒店服务质量改进的持续开展。

（3）奖励制度。为了支持酒店服务质量改进活动的有效开展，酒店也应当具备良好的奖励制度。首先应对酒店服务质量改进活动的成果进行评价，这种评价应当做到客观、公正。然后依据酒店的奖励制度对那些在改进过程中为改进目标的实现做出贡献的部门和个人进行物质和精神奖励，并鼓励他们继续努力达到更新、更高的水平。

三、服务蓝图

（一）服务蓝图含义及其构成

有形产品可以用图纸、规格对其质量特性进行描述，但对于服务这种特殊产品来说，

---

[1] 韩亚娟，何桢：《我国中小型酒店服务质量改进应用研究》，载《工业工程》2004 年第 5 期，第 52-55 页。

因其具有无形性的特征，很难进行具体的说明。这不但使服务质量的评价在很大程度上依赖于感觉和主观判断，更给服务设计和质量改进带来了挑战。20 世纪 80 年代美国学者 G. Lynn Shostack 和 Jane Kingman Brundage 等人将工业设计、决策学、后勤学和计算机图形学等学科的有关技术应用到服务设计方面，为服务蓝图法的发展做出了开创性的贡献。另两位在服务质量管理和服务营销领域里进行研究长达 20 年之久的美国女专家 Valarie A. Zeithaml 和 Mary Jo Bitner，在她们 1995 年出版的《服务营销》一书中，则对服务蓝图法做了综合性陈述。

1. 服务蓝图的含义

服务蓝图是一种准确地描述服务体系的工具，它借助于流程图，通过持续地描述服务提供过程、服务遭遇、员工和顾客的角色以及服务的有形证据来直观地展示服务。经过服务蓝图的描述，服务被合理地分解成服务提供过程的步骤、任务及完成任务的方法，使服务提供过程中所涉及的人都能客观地理解和处理它，而不管他们是企业内部员工还是外部顾客，也不管他们的出发点和目的是什么。更为重要的是顾客同服务人员的接触点在服务蓝图中被清晰地识别，从而达到通过这些接触点来控制和改进服务质量的目的。

酒店业作为服务业的一个组成部分，其产品同样体现出明显的无形性特征，因此酒店业既可以借助绘制服务蓝图的方法有效设计酒店的服务流程，也可以借助服务流程图开展服务提供过程的控制，并借助流程图找出服务接触的关键点以及服务过程中存在的问题，以有效改进酒店服务质量。

2. 服务蓝图的构成

整个服务蓝图被 3 条线分成 4 个部分，自上而下分别是顾客行为、前台接触员工行为、后台接触员工行为以及支持过程，如图 5-3 所示。

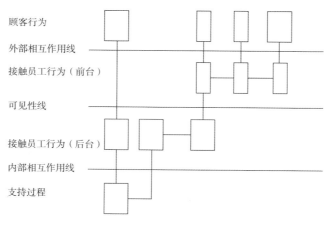

图 5-3　服务蓝图的构成

（1）顾客行为。最上面的一部分是顾客行为，这一部分紧紧围绕着顾客在采购、消费和评价服务过程中所采取的一系列步骤、所做的一系列选择、所表现的一系列行为以及它们之间的相互作用来展开。例如，顾客在餐厅用餐，顾客的行为就包括预订—入座—点菜品和酒水—等候菜品—查看账单—支付账单—取车离开等。

（2）接触员工行为（前台）。前台员工行为是直接与顾客接触，是顾客看得见的。在上述的顾客餐厅用餐的例子中，酒店前台员工为顾客提供的看得见的行为包括：接受预订确认时间—引客入座—问候顾客—接受点菜—上菜—出示账单—收取信用卡或现金—返还信用卡或找零及收据—提醒顾客带齐物品并送别顾客。

（3）接触员工行为（后台）。除了顾客看得见的与一线员工的直接接触行为外，另一种是顾客看不见的支持前台活动的接触员工的后台行为。接触人员的行为和步骤中，顾客看不见的部分包括：查看可能时间，加入预订—核实预订，取菜单—将点菜单交与厨房/酒库—从厨房取菜品—从收银处取账单—与收银员交接等。

（4）支持过程。这一部分涵盖了在服务传递过程中所发生的支持接触员工的各种内部服务及其步骤和它们之间的相互作用。在上例中，维持预订系统、准备菜单、保留点菜/账单记录、食品制作、账单制作、结算等，都将出现在蓝图的这一区域。

3. 服务蓝图的要素

服务蓝图包括"结构要素"与"管理要素"两个部分。服务的结构要素，实际上定义了服务传递系统的整体规划，包括服务台的设置、服务能力的规划；服务的管理要素，则明确了服务接触的标准和要求，规定了合理的服务水平、绩效评估指标、服务品质要素等。通过不断完善服务蓝图中的结构要素和管理要素体系，酒店可以此制定符合顾客导向的服务传递系统。即首先关注识别与理解顾客需求，然后对这种需求做出快速响应，努力使介入酒店对客服务的每个人、每个环节，都做到把顾客满意作为自己服务到位的标准，以达到改进酒店服务质量的目的。

隔开4个关键行动领域的3条水平线，上面的一条线是外部相互作用线，它代表了顾客和酒店之间的直接的相互作用，一旦有垂直线和它相交叉，顾客和顾客之间的直接接触就发生了。中间的一条水平线是可见性线，它把所有顾客看得见的服务活动与看不见的分隔开来，通过分析有多少服务发生在可见性线以上，有多少发生在可见性线以下，酒店就可非常容易地了解员工为顾客提供服务的情况，并区分哪些活动是接触员工前台行为，哪些活动是接触员工后台行为。第三条线是内部相互作用线，它把接触员工的活动同对它提供服务支持的活动分隔开来，是"内部顾客（一线员工）"和"内部服务人员（二线员工）"之间的相互作用线，如有垂直线和它相交叉则意味着发生了内部服务接触。

另外，有些酒店企业在绘制服务蓝图时，通常在蓝图的最上部标注有关服务证据方面的内容，它表示顾客在整个服务体验过程中所看到的或所接受到的服务的有形证据或有形展示，如声音、语调和语气、餐厅装修、员工外表、餐台布置、菜品、账单，甚至包括酒店的其他顾客等。而在有的酒店所绘制的服务蓝图中，会增加一条职能分界线，进一步把内部支持活动划分成管理职能的活动和执行职能的活动。

（二）服务蓝图在酒店质量改进中的作用

服务蓝图具有直观性强、易于沟通、易于理解的优点，它的作用主要表现在以下几方面：

第一，通过建立服务蓝图，促使酒店从顾客的角度更全面、更深入、更准确地了解所提供的服务，使酒店更好地满足顾客的需要，有针对性地安排服务和服务提供过程，提高顾客满意度。

第二，通过建立服务蓝图，研究可见性线上下区域内的那些前、后台接触员工行为，掌握各类员工为顾客提供的各种接触信息。这有助于酒店建立完善的服务操作程序，有助于明确职责、落实岗位责任制，有助于明确培训工作的重点、有针对性地提高员工服务技能等。

第三，服务蓝图揭示了组成酒店服务的各要素和提供服务的步骤，这样有助于明确各部门的职责和协调性；有助于理解内部支持过程和非接触员工在服务提供过程中的角色和作用，激发他们的积极性和主动性，从而为和顾客直接发生接触的酒店员工提供高质量服务创造条件。

第四，蓝图中的外部相互作用线指出了顾客的角色，以及在哪些地方顾客能感受到酒店服务产品质量。这不但有利于酒店有效地引导顾客参与服务过程并发挥积极作用，而且有利于酒店通过设置有利的服务环境与氛围来影响顾客满意度。而可见性线则促使酒店谨慎确定哪些员工将和顾客相接触，是谁向顾客提供服务证据，哪些东西可以成为服务证据，从而促进合理的服务设计，明确质量控制和改进活动的重点。

第五，服务蓝图有助于质量改进。例如，从服务蓝图可以判断服务过程设计是否合理、充分、有效率，还有哪些地方需要调整和改变，所进行的这些改变将如何影响顾客或酒店接触员工以及其他的过程，这些考虑有助于识别酒店服务的失败点以及酒店服务活动链的薄弱环节，从而为酒店服务质量改进指明方向。

第六，服务蓝图为内外部营销建立了合理的基础。例如，服务蓝图为酒店营销部门和广告部门有针对性地选择必要的交流信息、做好市场调查及顾客满意度调查工作，或是寻找顾客感兴趣的卖点提供了方便。

另外，通过对现有服务的服务蓝图的分析，酒店管理人员有可能发现重造服务系统的机会，增加或删除某些特定的内容，重新定位服务，以吸引其他细分市场。例如，一家在团队市场已取得成功的酒店决定要在商务市场建立更大的品牌忠诚度。它用服务蓝图将所有的"顾客经历"反映出来，重新设计其服务过程的某些方面，以便向商务顾客提供更个性化的服务。而且对每一种接触，酒店都可以根据顾客反馈确定一个预期服务标准，并建立相应的控制服务绩效的系统。

（三）建立服务蓝图的注意事项

第一，建立服务蓝图不是酒店中的某一个人或某一个职能部门的事，它往往需要建立一个开发小组，吸收各方代表的参与，尤其是顾客和酒店一线服务人员的积极参与。

第二，对已存在的酒店服务过程建立服务蓝图时，必须按照实际发生的情况描述过程，而不能按所策划或认为是理想的情况来描述。在设计服务蓝图的过程中，如果发现部分环节对顾客没有实际意义，就应该及时剔除；同时，在绘制服务蓝图时酒店同样也可以将原来的某些环节忽略掉，把对顾客有意义的服务环节增加进来，使酒店的各项服务逐步得以改进和完善。

第三，如果酒店不同细分市场的顾客经历服务的方式不同，酒店就应该对每一细分市场绘制单独的服务蓝图。

第四，现代技术的发展使得可见性线的划分更趋复杂，而且使可见性的含义更加丰富。例如，餐厅用餐服务蓝图的例子中，当前台服务人员通过电话或呼叫系统和厨房及收银处交谈时，顾客也能听到这一过程。这就使后台的员工在某种意义下走向了前台，也使服务证据的内涵更加丰富。

第五，在进行服务蓝图设计中，酒店可充分借助计算机图形技术。

第六章 酒店企业文化管理

本章主要介绍了酒店企业文化的概念、特征与作用等内容，同时探讨了如何进行酒店企业文化的建设，最后针对酒店管理中跨文化管理的策略与手段。

第一节 酒店企业文化管理基础

一、酒店企业文化的概念与特征

（一）酒店企业文化的概念

酒店企业文化是酒店在长期经营管理实践以及对员工、客人及社区公众的人文关怀中形成的，并为全体员工普遍认可和遵守具有本酒店特色的价值观念、团体意识、行为规范和思维模式的总和。酒店企业文化以"酒店价值观"为核心，以"人本文化"为中心，以"特色经营"为基础，以"标志性的文化载体和服务产品"为形式，渗透在酒店一切经营管理活动中。

（二）酒店企业文化的特征

酒店企业文化是企业文化在酒店行业的应用，承袭了企业文化的共性。但酒店是一种劳动密集型、情感密集型的企业，要满足客人多种多样的需求，因此酒店企业文化以服务作为基本特点，具有自身的一些特性。

1. 酒店企业文化的融合性

随着全球一体化及旅游业的进一步发展，酒店将越来越多地面对国际市场，面对国际性、多元化的顾客群。因此，酒店的企业文化必须具有高度的融合性，包容这些来自世界各地不同文化背景客人的审美偏好和行为特征。同时，酒店经营的连锁化、集团化也使得中西方以及不同地区之间的文化差异给酒店经营管理的各方面（如管理制度、经营宗旨、营销策略及模式，市场竞争策略、人力资源管理等）提出了更高的要求，这种跨文化管理同样需要酒店企业文化的高度融合。

2. 酒店企业文化的人性化

酒店产品都是在员工与客人面对面的交往中完成的，这一经营特点要求酒店企业文化必须具备人性化的特点。这种人性化一方面表现为对客服务的人性化，即根据酒店客人的不同需求特点尽可能提供相对应的服务；另一方面也表现为对员工的人性化，即强调"以人为本"的内部管理。在酒店这一服务性企业中，员工对服务质量有非常重要的影响。只有满意的员工才会有满意的顾客，因此酒店必须要最大限度地尊重、关心、理解和培养员工，将员工看作酒店内部的顾客，充分调动员工的积极性和主动性。例如，多次获得世界十大最佳饭店榜第一名的泰国曼谷东方大饭店具有东方典雅的文化品位，提供家庭式的服务，突出了"忠实"和"谦恭"的服务特色，给予客人和员工无限的尊重和尊贵，酒店员工多数持有饭店的股票，并享有饭店各种优厚的福利，因此对饭店有很强的归属感。[1]

二、酒店企业文化的作用

（一）引导酒店及员工的价值取向

酒店企业文化集中反映酒店员工共同的价值观念、理想信念和共同利益，通过酒店经营哲学、价值观念，酒店目标及规章制度等对酒店整体和酒店员工的价值取向及行为取向起导向作用。尽管员工年龄、经历、文化等方面存在差异，但对酒店统一的服务标准及服务意识的认同有助于员工在酒店企业文化的导向下协调个人利益与酒店整体利益，从而实现酒店及其员工既定的发展目标。

（二）实现员工的自我调控

酒店企业文化能够协调人际关系，营造和谐的工作氛围，通过酒店的基本价值观和行为规范为酒店内部员工提供统一的行为规范与准则，建立以酒店价值观为基础的行为模式，自动生成自我调控机制，把员工的行为吸引到实现酒店目标的轨道上来，达到个人目标与企业目标在较高层次上的统一。同时，酒店的经营哲学和道德规范能使管理者和一般员工科学地调整和适应酒店各部门之间、酒店员工之间的矛盾，以及酒店与环境、客人、社会之间的不协调。

---

[1]　狄保荣，王晨光著：《饭店文化建设》，中国旅游出版社 2010 年版。

企业文化管理是把酒店文化渗透到酒店日常管理当中，通过企业文化各层次内容的塑造形成的一种环境氛围，对员工行为产生一种心理压力和约束，用酒店价值观、酒店精神、酒店经营目标等去影响、支配员工的行为。里兹·卡尔顿酒店是这方面的典范，酒店的企业文化号召员工共同努力，建立卓越的酒店，控制世界酒店业的高档细分市场，并要求员工熟记并理解集中体现酒店企业文化的黄金准则（包括一个信条、一句座右铭、服务三部曲和二十项基本要求），时刻以黄金标准约束和规范自己的行为，以达到酒店的经营目标。

（三）增强酒店的凝聚力

现代酒店的功能日趋多样化，规模的增大与综合功能的增强相应要求增强酒店内部的凝聚力和自觉性。酒店企业文化把亲密情感、价值共识与目标认同作为强化企业凝聚力的关键因素，培育出优秀的企业精神、良好的酒店形象、温馨的人际关系、融洽的工作环境和丰富的文化内涵，能使员工产生强烈的使命感、责任感、归属感、自豪感，接受酒店的信念和价值观，积极参与酒店的建设与发展，形成一种有利于增强酒店凝聚力的向心力。同时，有优秀企业文化的酒店特别重视酒店内部的情感投资，不断满足酒店员工的情感需求，使员工对群体产生依赖，在对外竞争中形成命运共同体，共同应对外部市场压力。

（四）提高客人的满意度

随着酒店业的发展、顾客消费意识的提高和对高附加值的追求，客人满意度的提高更多地取决于酒店服务质量的提高。而酒店是一种劳动密集型、感情密集型企业，服务本身就是酒店所提供的主要产品，酒店服务质量是维持酒店品牌的保证，也是酒店品牌建设的重要内容。万豪酒店集团的创始人马里奥特说过，"生活就是服务"，我们时时刻刻都处在为别人服务和被别人服务的环境当中。提高服务质量的关键首先在于培养员工的服务意识和服务精神，这是一种来自于对人、生命和工作所秉持的价值观和信念，使一个人愿意服务别人，并对自己的工作感到骄傲的态度。优秀的企业文化可以营造愉快的工作氛围，建立独具个性的服务文化，使员工在工作的全部流程中贯彻这种服务精神和服务文化，从而为客人提供高质量的服务，实现高度的顾客满意。

（五）增强酒店的竞争力

酒店的竞争力是酒店在市场中取胜获利的综合能力，表现为酒店的当前经营业绩和持续发展能力。随着酒店业市场竞争日益激烈，酒店的硬件条件日益趋同，在这种情况下，酒店之间的竞争不仅是货币资本、人力资本的竞争，更是文化素质和文化实力的竞争①。

无形的服务是酒店产品的重要组成部分。影响酒店服务质量的因素众多，难以控制，特别是当酒店发展到一定规模时，更无法完全借由管理制度来实现对服务质量的控制。因此，酒店需要以创新的精神建设关注服务质量和面向客人的企业文化。通过这一软性的工具来进行员工管理，从整体上提高员工素质和服务意识，才能为客人提供优质的体验价值，增强客人对酒店的信心和忠诚度，从而在激烈的竞争中占据有利位置。

此外，优秀的企业文化有助于培育酒店的特色，塑造良好的酒店形象和品牌，展示酒店独特的管理风格、良好的经营状况和高尚的精神风貌，开发具有高文化附加值的酒店产品，为酒店的持续发展提供动力。世界知名的酒店集团，如雅高集团、希尔顿集团、万豪集团等在全世界范围内的快速发展，都离不开其优秀而雄厚的企业文化。

因此，企业文化是酒店核心竞争力的内核，通过品牌、管理、服务、人力资源、技术等因素决定和影响着酒店的核心竞争力，是酒店不可模仿的竞争优势的根本来源。

第二节　酒店企业文化建设

一、酒店企业文化建设的原则

国内外成功酒店集团的经验表明，酒店企业文化对酒店的发展非常重要，每一个酒店都须建立自己独具特色的酒店文化。但是由于每个酒店所处的市场环境不同，酒店企业文化形成的过程也不相同。酒店企业文化的建设应遵循以下原则。

（一）以人为本原则

员工是酒店重要的资源，也是酒店企业文化的创造者和传播者。酒店在建设企业文化时必须要重视人的因素，充分认识到员工在酒店发展中的决定作用，认识到员工对酒店企业文化形成、企业精神特质、企业文化层次及企业文化可持续性等方面的影响。

因此，酒店在建设企业文化时，要以人为本，以尊重人、关心人、理解人、爱护人为酒店企业文化建设的关键点，充分考虑员工的需求，广泛征求员工的意见，善于激发员工的创造力和集体智慧。这不仅有助于提高酒店企业文化的层次，也有助于增强员工对企业

---

① 杨琼静著：《浅论企业文化建设在酒店管理中的作用》，载《度假旅游》2018 年第 1 期，第 69-72 页。

文化的认同感，利于企业文化的贯彻和执行。除此之外，酒店在建设企业文化时还应该关心客人、合作伙伴以及社会的利益诉求，将顾客满意、产品人性化、共赢发展和社会责任等理念纳入到酒店企业文化体系中。

（二）兼收并蓄原则

企业文化作为一种亚文化，应当吸纳和借鉴各种有价值的文化资源。酒店在建设企业文化时，一方面要继承传统文化中有价值的部分，注重发扬本酒店的优良传统，在扬弃的基础上创新发展，并结合行业的发展和市场需求的变化赋予新的内容。同时酒店也要不断吸取、借鉴其他国家、民族的文化和优秀企业的企业文化，参考国内外关于企业文化研究的理论和方法，建设符合行业发展和市场特征、易于被员工和社会识别和接受、能为本酒店参与市场竞争和持续发展提供动力的企业文化[①]。

（三）突出特色原则

酒店建设企业文化要注重保持差异化优势，在充分考虑本酒店经营特色、资源优势、发展目标、市场细分和竞争对手的基础上构建独具特色的企业文化。酒店只有形成了自己独特的企业文化，才能更加易于被客人、员工和社会公众识别[②]。综观世界著名的酒店企业在市场竞争中的优势，与其浓厚的文化意蕴和独特的个性风格不无关系。

（四）不断创新原则

与时俱进、开拓创新是现代酒店永续发展的战略方针。在一个不断变化的市场环境中，酒店既要保持其企业文化的相对稳定性，又要根据行业的发展要求和市场状况的变化不断创新其企业文化的表现形式，增添新的文化内容，以实现酒店企业文化的巩固和发展。

二、酒店企业文化建设的步骤

（一）分析和诊断现有企业文化

在建设酒店企业文化之前，首先要对酒店现有的企业文化进行系统分析和自我诊断，

---

① 张光伟著：《浅谈如何建设酒店企业文化》，载《经济研究导刊》2017年第12期，第168、184页。
② 周亚峰著：《酒店管理中的企业文化建设研究》，载《度假旅游》2018年第10期，第99-100页。

认真分析酒店企业文化的发展史、企业文化发展的内在机制、酒店价值观、酒店企业文化发展的内外文化、企业文化发展战略、酒店中员工的素质等。

（二）提出酒店企业文化建设目标

在系统分析酒店现有企业文化特点和发展环境的基础上，明确现有酒店企业文化的积极因素和消极因素、存在的问题，结合酒店的发展战略和个性特点、经营特色，提出酒店企业文化建设的目标、宗旨及其意义，从宏观上为酒店企业文化进行定位。

（三）设计酒店企业文化体系

酒店企业文化的建设是一项系统工程，酒店管理者应该认真规划，积极动员员工参与酒店企业文化的建设，共同设计酒店企业文化的规划方案，形成企业文化体系。具体而言，酒店应提出具有适用性的文化价值观，以此为中心提出企业精神、经营哲学等精神文化目标，并发动员工参与对酒店的制度文化、行为文化、物质文化的设计，通过各种方案的归纳、比较、融合和提炼，设计出具有本酒店特色的企业文化以及企业文化建设方案。

（四）传播与执行酒店企业文化

酒店企业文化的传播与执行是一个将酒店企业文化从理念转化为实际行为的阶段，也是最艰巨和最复杂的实施过程。酒店需通过培训、宣传、座谈会、文化活动等方式有效传播酒店文化，争取酒店员工的认同和接受，并将新的企业文化渗透到酒店经营管理的全过程，指导经营实践。

（五）调整和优化

酒店企业文化一经制定并不是固定不变的，而是要根据企业文化的特点、建设目标、实际执行情况不断进行衡量和评价，修正其中不符合酒店发展要求的部分，以确保酒店企业文化在酒店经营管理中正面效应的发挥。此外，在酒店不同的发展阶段，酒店管理人员也须对酒店企业文化进行更新和优化，以使其适应市场环境的需要。

第三节 现代酒店跨文化管理

一、酒店跨文化管理的策略

跨文化冲突是酒店跨国经营不可避免的问题。酒店要解决跨文化冲突并实现酒店经营目标需要根据实际情况采取适合本酒店的跨文化管理策略，使不同的文化得以最佳结合，从而形成自己的核心竞争力。

（一）本土化策略

本土化策略是指跨国经营的酒店雇用相当一部分熟悉当地风俗习惯、市场动态及其政府各项法规的当地员工，领导并管理当地人为酒店服务。本土化策略既有利于节省海外派遣人员和跨国经营的高昂费用，缓解两种文化之间的冲突，注入新的管理活力，也有助于拓展当地市场，便于酒店更好地为当地的客人进行服务。本土化策略突出表现在管理人员本土化、品牌本土化和销售渠道本土化三方面。

（二）文化相容策略

文化相容也称为"文化互补"，是指酒店不以酒店集团或酒店管理公司的母国企业文化或是酒店所在地的文化作为酒店的主体文化，两种文化之间虽然存在巨大的文化差异，却并不互相排斥，反而一种文化的存在可以充分弥补另外一种文化的许多不足，以充分发挥跨文化的优势，谋求更为广泛的双赢。文化相容策略的另外一种表现形式是酒店管理者在经营活动中刻意模糊文化差异，隐去两者文化中最容易导致冲突的主体文化，使不同文化背景的人均可在同一酒店中和睦共处、协调意见分歧。[1]

（三）文化创新策略

文化创新策略是指酒店根据市场环境的要求和酒店发展战略的需要，将酒店集团的企业文化与当地的文化进行有效的整合，通过各种渠道促进不同文化相互了解、适应、融合，构建共同的经营理念和融合各方之长的新型的企业文化作为酒店的管理基础。这种新

---

[1] 林璧属，郭艺勋著：《饭店企业文化塑造》，旅游教育出版社 2007 年版。

型文化既保留着酒店集团企业文化的特点，又与当地的文化环境相适应，将两种文化有机结合，不仅能使酒店适应不同国家的文化环境，而且还能大大地增强其竞争优势。

（四）文化渗透策略

文化渗透策略是个需要长时间观察和培育的过程，是指酒店的高级主管和管理人员由酒店集团派遣的人员担任，凭借酒店集团强大的经济实力所形成的文化优势，对酒店的当地员工进行逐步的文化渗透和移植，使其逐渐适应酒店集团的企业文化并慢慢地成为该文化的执行者和维护者，并在这种文化背景下实现酒店的日常运营。文化渗透策略能否成功取决于诸多因素，如酒店集团企业文化的活力、管理模式、管理人员的素质和能力、当地文化对企业文化的影响以及酒店集团派遣管理人员与当地员工的沟通等。

二、酒店跨文化管理的手段

（一）正确认识文化差异和冲突

文化差异和冲突是一种客观现象，无法回避。酒店实行跨文化管理必须承认并理解差异的客观存在，克服狭隘主义的思想，重视对他国语言、文化、经济、法律等知识的了解和学习，既要理解东道国文化如何影响当地员工的行为，也要理解母国文化如何影响酒店集团派遣的管理人员的行为。酒店跨文化管理需要正确认识跨文化中的矛盾和冲突，把握不同类型的文化差异，采用适宜的方法有针对性地克服和解决文化冲突，如因管理风格、方法或技能的不同而产生的冲突可以通过互相传授和学习来克服；因生活习惯和方式不同而产生的冲突可以通过文化交流来解决。

（二）充分利用文化差异为酒店发展创造契机

不同的企业文化有各自的优势和不足，是不同国家和地区文化的产物。跨文化给酒店管理提出了挑战，也带来更多的机遇。不同文化背景和不同的思维方式，有助于酒店管理者从更多的角度考虑问题。酒店管理者在进行跨文化管理时要尽可能地利用文化差异，从自身文化结构出发，吸收借鉴外来文化的优势，寻求文化认同点，在此基础上根据市场环境的要求和酒店发展的需要建立起共同的经营理念和整合各方之长的新型企业文化，进而实现酒店的跨文化融合，为酒店发展创造契机和创新的动力[1]。

---

[1]　倪菁著：《文化冲突视角下酒店跨文化管理研究》，载《商业经济》2017 年第 11 期，第 30-31 页。

（三）加强管理文化的整合

在跨文化经营的酒店中，外方管理人员保持着与国外母公司或外资管理方的联系，都有一整套适应市场要求的现代酒店管理思想、理念和方法。而当地的管理人员熟悉本地文化特点，了解本地区的市场规律和需求。因此，酒店跨文化管理过程中要加强双方的互动互补以消除隔阂，既要真正理解、尊重东道国的文化，又要发挥本土文化的魅力和影响力，努力找到双方的平衡点，构建自己的竞争力。如由洲际酒店集团管理的深圳威尼斯酒店通过"人员本土化战略"，将洲际酒店集团"朴实无华、诚实可靠、坚持不懈、乐观大度，加之以一种复兴者的激情"的企业精神与华侨城"优质生活的创想家"的理念有机融合在一起，形成了威尼斯酒店的文化特色，即对生活质量的执着追求和人文情怀。

（四）实行全员跨文化管理

酒店跨文化管理的关键是人。因此，要实行全员的跨文化管理。一方面，酒店跨文化管理有赖于一批高素质的跨文化管理人员，因此应注意选拔、培训能深刻理解母公司企业文化、有多文化环境工作经历、有较强的平等意识和应变能力、善于与不同文化背景的人合作、且具有文化融合能力的经营管理人员在酒店跨文化管理中担任重要职责，将母公司的企业文化与当地文化进行有效整合；另一方面，酒店跨文化管理是对酒店所有管理人员和员工的管理，因此要通过对所有成员进行培训、教育和灌输，使其理解并认同酒店的企业文化，并通过思维方式、价值观、行为方式体现出来，切实发挥跨文化管理在酒店管理中的作用。

（五）实施跨文化培训

预防和解决跨文化冲突，实现酒店跨文化管理的有效手段是进行跨文化培训，包括针对本国人员外派任职的培训，针对东道国人员的教育与培训，以及多元文化团队的组织与训练。在具体的培训内容上应注重以下几方面：

（1）文化敏感性训练。文化敏感性训练是将具有不同文化背景的员工和管理人员集中在一起，通过演讲、角色扮演、情景对话、案例分析等形式，打破员工心中的文化障碍和角色束缚，增强其对不同文化环境的反应和适应能力，实现不同文化间的协调、相互适应。此外，酒店也可组织各种社交活动，使外方管理人员与本地员工之间有更多接触和交流的机会，以维持酒店内部良好的人际关系，加快员工对不同文化的适应速度。

（2）文化培训。文化培训就是指培训专家以授课方式介绍不同文化的内涵和特征，指导员工和管理人员阅读相关书籍和资料，加强双方对相互之间文化差异的了解。此外，酒店也可通过学术研究和文化交流的形式，组织员工探讨酒店集团企业文化与所在地文化的精髓及其对管理人员和员工的思维过程、管理风格、决策方式和行为方式的影响，提高员工诊断和处理不同文化交融中解决疑难问题的能力。另外，在酒店跨文化沟通过程中，言行举止都反映了一定的民族文化习俗，因此要加强对酒店所有员工的跨文化知识培训，使其对东西方文化在礼仪、价值观、审美观念、消费观念、宗教、饮食、生活习惯等方面的差异有一定的认识和了解，从而为来自全球具有多元文化背景的宾客提供更优质的服务。

（3）语言沟通培训。语言是文化的一个非常重要的组成部分，语言交流与沟通是提高对不同文化适应能力的一条最有效的途径。语言沟通培训不仅可使员工掌握语言知识，还能使他们熟悉中西方文化中特有的表达和交流方式，如手势、符号、礼节和习俗等，为外方管理人员与本地员工的交流扫清障碍。

（六）推动不同文化间的沟通交流

在跨文化经营的酒店中，中外双方应尊重彼此的文化差异，重视信息与情感的沟通，通过座谈、对话、个别交流、经营汇报会、团队建设活动、酒店内刊等形式及时交流。如北京诺富特和平宾馆就将酒店内刊——《和平之声》作为酒店跨文化沟通的桥梁，如在法国雅高集团入驻北京和平宾馆、员工对外方管理者缺乏信任、担心大量裁员之际，和平宾馆及时通过内刊传达外方总经理的专访和文章，通过权威的信息解答员工关心和担忧的问题，以安定人心、鼓舞人心；总经理在内刊上亲自撰写的《周年寄语》拉近了员工和外方管理者之间的心理距离；员工担心在酒店开展的大规模培训中不合格会下岗时，管理层通过内刊说明培训的目的、形式和内容，以解疑释惑、疏通调节，获得来自员工的理解和支持。

第七章 酒店创新管理研究

本章首先探讨了体验经济这一酒店创新管理的时代背景，介绍了体验经济的内涵，体验经济背景下酒店产品的新特征。为了应对新环境、新挑战，酒店必须不断创新管理，在此基础上对酒店创新管理的内涵及其重要性、实施创新管理的原则、创新管理的内容等进行了深入的探讨与分析。

第一节 酒店创新管理的时代背景

一、体验经济的内涵和特征

（一）体验经济的内涵

1999 年 4 月，由美国战略地平线 LL. P 公司的创始人约瑟夫·派恩（B. Joseph Pine）和詹姆斯·吉尔摩（James H. Gilmore）共同撰写的《体验经济》一书正式出版，立刻在社会上引起了强烈的反响。该书指出 20 世纪 90 年代，人类已经迈入了"新经济"时代，并率先明确地提出了体验经济时代来临这一概念。派恩提出体验经济是继农业经济、工业经济和服务经济阶段之后人类的第四个经济生活发展阶段，是服务经济的延伸，是一种最新的经济发展浪潮。

进入 20 世纪 90 年代后，在全球范围内，从工业到农业、计算机业、旅游业、商业、服务业、餐饮业等各行各业都在上演着体验或体验经济。在体验经济中，企业不再仅仅是销售商品或服务，而是提供一种充满情感力量的最终体验，为顾客创造难以忘却的愉悦记忆。从这个角度来说，在体验经济时代，顾客每一次购买的产品或服务在本质上不再仅仅是实实在在的商品或服务，更是一种感觉，一种情绪上、体力上、智力上甚至精神上的体验。

总而言之，体验经济强调的是消费者从服务和产品供应商那里获得独特的消费体验和愉悦的回忆。这种消费体验和愉悦的回忆区别于传统服务经济下单纯的满足功能性需求的感受，是一种独特个性化需求被满足的主观享受。可以这样认为，体验经济可以给消费者带来这样的感觉，即企业把每一位消费者都看作独特的个人，进而满足他们的个性化需要。

（二）体验经济的核心特征

1. 体验经济是一种更加完备的经济形态

体验经济产生于市场经济的大背景之下，是一种比工业经济和服务经济更加完备的经济形态。服务经济时代的营销核心是"服务第一"，强调企业提供的不仅是有形的商品，还有无形的服务，而体验经济就是服务经济的延续。

2. 体验经济强调顾客自我实现需要的满足

在体验经济时代，人们的消费需求已经逐渐向个性化转变，以期达到自我实现、自我发展的目的，消费者对消费活动中所能够获得的感受和体验有了更多的个人诉求。因此，传统的产品和服务已经不能完全满足消费者的需求。体验经济要求企业能够专门为顾客定制设计并生产产品或提供服务。用马斯洛的层级需求理论来理解就是，服务经济下强调企业要着重满足顾客发展的需要，体验经济强调的则是顾客自我实现需要的满足。

3. 体验经济强调消费者的个性化及参与性

体验经济的最大特征在于强调消费是一个过程，消费者是这一过程的参与者。在体验经济下企业通过个性化的服务带给消费者的消费体验是愉悦的难忘回忆，是一种独特的消费感受。

二、体验经济下酒店产品的新特征

体验经济的出现是人们需求变化的新趋势，是以满足人们的情感需求、自我实现需求为主要目标的一种经济形态。伴随着物质文明的进步，消费者情感需求的比重逐渐增加。消费者在购买商品时，不再单纯地出于满足基本生活的需要，而是更加偏好能引起心理共鸣的商品。当经济发展到一定程度之后，人类的消费重点将从产品和服务向体验转移，这是人类发展的一种自然境界。无论什么时候，一旦一个企业有意识地以服务为舞台，以商品为道具来使消费者融入其中，"体验"就出现了。[①]

按照传统的酒店观念，酒店产品是指酒店为顾客或社会大众提供的能够满足其需要的

---

① 　约瑟夫·派恩，詹姆斯·吉尔摩著：《体验经济》，机械工业出版社2003年版。

场所、设施、有形产品和无形服务的总和，即酒店产品具有综合性和季节性、价值的无法储存性、生产和消费的同步性、服务质量的不稳定性以及酒店产品和服务的无专利性等特征。这个定义主要是从功能性的视角对酒店产品进行分析，强调了酒店产品在服务经济形态下所具有的一般特征。

体验经济理论给酒店业带来了全新的思路。酒店经营者逐步认识到，只有让顾客在本酒店感受到独特的消费体验，才能在竞争中区别于其他酒店而获得市场和消费者的认可，培养出自己的忠实顾客群体。酒店不再是单纯的餐饮和客房的提供者，不应该只强调其功能性特征，而应该变成一个消费者体验的策划者和提供各种体验的消费场所。

综上所述，在体验经济时代，现代酒店产品应当是一种体验产品，应当是顾客所获得的物质产品，感官享受和情感体验的综合，衡量酒店产品成功与否的标准是酒店所提供的产品与服务能否给予顾客一种难以忘怀的体验。体验经济时代来临，居民的个人可自由支配收入提高、闲暇时间增加等共同构成了目前我国酒店发展的市场环境，因此探讨在体验经济背景下传统的酒店产品和服务如何适应并满足不断变换和挑剔的顾客的需求变得尤为重要。

第二节　酒店创新管理基础

一、酒店创新管理的内涵

自从 1986 年国家旅游局号召全国旅游酒店学习"北京建国酒店"以来，我国酒店业无论在软件服务水平、经营管理理念，还是硬件建设方面都有了长足的进步。进入 20 世纪 90 年代后，国外著名连锁酒店集团纷纷加快了进驻中国酒店市场的步伐。他们凭借先进的管理水平、丰富的酒店管理经验及实践，牢牢占据了国内酒店行业的高端市场。伴随着中国经济的快速发展和大众旅游的蓬勃发展，这些酒店集团不再满足于仅仅在高端市场和一二线城市发展自己的业务，其触角已经延伸至酒店领域的各个角落。如此一来，我国本土酒店尤其是一些实力较弱的单体酒店的生存与发展空间也被进一步挤压。这样，如何进行管理创新以提升竞争力来有效对抗国际连锁酒店集团的扩张就成了本土酒店不得不面对的一个问题。

体验经济的来临使得消费者的需求也发生了显著的变化。与以往供不应求的时期相比，酒店顾客在关注价格的同时，更注重精神方面的追求，更关注产品服务的附加价值，预订客房的便利程度以及酒店对他们乃至整个社会的人性化关怀。在这种背景下，我国酒店必须重新审视自己，在经营理念与思路方面向国外知名酒店集团学习，针对顾客需求，结合自身实力与经营特点努力创新。

（一）酒店创新管理的概念

进入 21 世纪，体验经济成为继服务经济后更加完备的经济形态。顾客日益成熟挑剔，在享受酒店服务的时候更加注重体验，而酒店内部的员工流失问题的日益加剧，外部的经营和市场环境日益复杂，这些问题使得创新管理成为酒店获得持续发展动力的根本。酒店必须进行创新管理。

根据经典管理学的理论可知，创新是创造性的、突破性的、理由充足性的思维活动和实践活动。创新管理是指企业通过有效的资源配置，鼓励和支持创造性、突破性思维和实践性活动的顺利开展，以适应不断变化的市场需求，赢得企业发展的空间。

酒店创新管理是指酒店在新的市场环境下，以价值增加为目标，将新型管理模式和管理理念等应用到酒店日常经营管理活动中的过程。酒店创新管理强调"以人为本"的管理思想，通过产品和服务创新、营销创新等方式来实现自身的可持续发展①。

（二）酒店创新管理的特征

1. 酒店创新不能申请专利

对于酒店业来说，创新具有特别重要的意义。因为酒店产品难以申请专利，酒店的特色服务更不可能获得专利，它们都可以轻易地被人模仿和复制。在酒店产品和服务容易被人模仿的情况下，不同的酒店对酒店创新有两种截然不同的态度：一种是因为推出新产品后易被迅速模仿，于是放弃创新；另一种是仍然持续不断地进行创新，并以此作为酒店核心竞争力的来源。从酒店长远发展来看，消极对待酒店创新管理的态度是不可取的，而应把创新当作酒店日常经营与管理中的一个组成部分，循序渐进继而获得良性循环。

2. 最终体现为酒店的经营特色

酒店创新管理的实施最终会体现在酒店产品或者服务上，并以此形成一定的经营特色。酒店依托这些特色在酒店文化、定位、品牌、服务，氛围或者设施环境等方面区别于竞争对手，这样势必会在酒店产品与服务同质化的市场环境下对顾客产生强烈的吸引力。

---

① 张旭红著：《浅谈酒店管理的基本方法及酒店管理创新思路》，载《中国管理信息化》2020 年第 23 期 22 版，第 132–133 页。

如南京丁山酒店打造"食在丁山，住在金陵"，通过餐饮来突出酒店特色。丁山酒店的餐饮特色是不断推出新菜品、新菜单。新菜先内部品尝，改进后再推出以获得顾客的肯定，于是丁山酒店创造了一个餐位一年超过 14 万元的营业额。这一数据在国内酒店业遥遥领先于同行，也使得丁山酒店的餐饮收入占到酒店总收入的一半以上，为酒店创造了巨大的经济效益。

（三）酒店创新管理的重要性

1. 酒店创新管理的行业背景

20 世纪初，斯塔特勒先生在水牛城创立了第一家斯塔特勒酒店，标准化酒店产品和服务模式随之诞生。到 20 世纪 50 年代，随着美国假日酒店等知名连锁酒店的崛起，标准化酒店模式得到进一步提升和发展。它体现在无论是普通的经济型酒店还是高星级连锁酒店，基本的客房用品配置以及客房服务都以相同的标准和流程在实施。21 世纪后，越来越多的流水线上生产出来的星级酒店鳞次栉比，日益成熟的酒店管理方法和经验进一步完善了酒店运营管理，这其中酒店标准化模式发挥了极致的功能。

标准化的酒店运营模式将现代酒店业带入了一个超速发展的时代，但是同时也带来了另外一个问题——顾客的审美疲劳，即越来越多的顾客在重复的入住中产生了审美疲劳，他们希望在入住酒店的过程中得到更多的精彩体验。显然，传统的酒店管理理念和方法无法满足顾客在新时期对酒店产品和服务的要求。因此，现代酒店产品和服务需要创新，现代酒店管理更需要创新。

2. 酒店创新管理的作用

（1）产生新的管理与营销理念。酒店进行创新管理能够给酒店管理带来新的管理和营销理念，从根本上突破传统酒店管理思想的束缚，营造一种良好的经营氛围。国际酒店集团在中国市场发展的经验表明，无论是酒店的经营管理理念还是酒店的产品与服务都不能故步自封。国内酒店在学习国际酒店集团先进管理理念和经验的同时，也要不断积累经验，突破自身创新能力不足的困境，否则将无法应对激烈的市场竞争。

（2）提高资源配置效率。酒店创新管理能够帮助酒店提高自身资源配置的效率，增强核心竞争能力，实现酒店的持续发展。酒店创新管理的实质是利用市场的潜在机会，重新组织和配置生产条件和要素，建立起效能更强、效率更高和费用更低的对客服务方式和经营方法，推出新的产品和服务，开辟新的市场或获得新的营销渠道。由于目前酒店产品之间的模仿性和复制性非常强，经济型酒店之间、星级品牌酒店之间提供的产品和服务雷同。因此，酒店只有在产品和服务、管理理念和营销方式上不断创新才能在竞争中脱颖而出。

我国酒店业缺乏良好的创新环境和氛围，显示出明显后劲不足的趋势，国内高端酒店在这一点上表现得更为明显。当前中国高端酒店市场几乎全部被国际酒店品牌占领。曾在《解放日报》上宣称要扬帆远航的中国酒店第一强的锦江国际也把自己的酒店拱手让给外国人来管理，如上海东锦江索菲特（现为上海东锦江希尔顿逸林酒店，管理方从索菲特换成希尔顿逸林）、和平酒店（现为和平费尔蒙酒店）等；号称要打造中国最大的旅游集团，打造泛旅帝国的首旅集团在 2007 年 3 月将始建于 1900 年的北京酒店——长安街地标性建筑也拱手让给莱佛士管理。因而，加强酒店创新管理实现酒店的持续发展刻不容缓。

二、酒店创新管理实施的原则

酒店创新管理并不是为了创新而创新，而是以创新为中心的管理。在实施创新管理的过程中酒店应当秉持以下原则：

（一）注重创新管理的长期效益

酒店创新管理的过程中可能会造成短期成本上升，如新技术的使用使酒店短期成本支出急剧上升。但是从长期来看，酒店创新管理会给酒店经营带来持续的积极效果。酒店管理者不能过分关注酒店创新管理带来的短期经营成本上升的压力，而要看到创新带来的持续效应。

（二）坚持创新管理的动态适应性

在激烈的市场竞争中，酒店能否尽快适应市场环境的变化，及时调整经营思路和策略以获得竞争的优势，关键要看能否在短时间内在组织、制度、产品、服务等方面进行创新并进行有效的管理。酒店组织内部的变革和创新就是要不断地根据外部环境的变化进行动态的调整，所以说酒店创新管理实施过程中应当秉持动态适应性。

（三）坚持创新管理的全员参与性

酒店创新管理中应该更加重视员工的因素和作用，尤其不能忽视一线员工。因为员工是实现酒店产品服务创新的根本，所以酒店创新管理需要全员参与，管理者和一线服务人员都应当积极投身其中。管理者要千方百计鼓励创新，尽最大可能创造一种有利于创新的氛围，一线人员也应当积极投身于产品和服务的创新和改进中，以实现顾客的"满意和惊喜""为顾客带来难忘的入住体验"为目标进行创新。

（四）坚持创新管理的全面性

进行酒店的创新管理需要搭建一个支持创新的平台。这一平台的建立需要考虑制度、理念、组织、文化、人员等诸多方面的因素，几乎涉及酒店管理的方方面面。需要指出的是，酒店创新管理的全面性特征并不是说酒店在各个方面都需要创新与变革，而是指在酒店创新管理过程中，无论是否进行具体的创新活动，各部门各个环节都应当支持创新。

（五）关注创新管理的不确定性

创新的本质具有不确定性，酒店创新管理在本质上也是不确定的。酒店经营的外部市场环境不断变化，酒店内部环境有时也会随着管理者的调整而变化，这些都给酒店创新管理带来了不确定性。需要提出的是，并不是所有的创新活动都能取得成功或者获得积极的效果。但酒店不能因噎废食，要做到像日本松下公司创始人松下幸之助先生那样允许自己和部下犯"真诚的错误"（"真诚的错误"是指积极创新但因种种原因未能成功，而造成企业损失的情况）。虽然创新具有不确定性，但仍有规律可循，酒店管理者可以通过学习如何获得创新力，如何提高创新质量、如何使创新活动收益最大化以及如何保护和传播创新等方面的知识以实现创新的积极效应。

第三节　酒店创新管理的内容

随着竞争的加剧，酒店进行创新管理不应该只停留于宣传口号上，而应实实在在地落到实处，使之成为自身发展的强劲推动力。

一、酒店产品和服务创新

酒店产品和服务的创新首先需要进行观念的转变，其次需要通过温情的个性化服务等手段将产品和服务创新落到实处。

（一）酒店产品和服务观念的转变

世界范围内知识技术和市场环境的变化，人们的消费行为和观念的变化，都可以为创新提供机会。德鲁克在其著作中提到，法国地中海俱乐部之所以能成为当今世界最大的旅游供应商之一，其成功在相当程度上得益于 20 世纪 70 年代初对市场的准确把握和创新管理的实施。地中海俱乐部最早注意到欧美国家正在出现一批新一代的旅游者，他们年轻、受过良好教育，家庭富裕，与他们劳工家庭出身的父母不同，这批旅游者已不再满足于去布赖顿和大西洋城度假。于是法国地中海俱乐部打破传统度假胜地建设的观念，在世界各地投资建设适合这部分游客的度假胜地，并因此获得巨大发展与可观的经济效益。这是旅游供应商因关注新的市场机会并通过创新以适应市场变化而获得成功的一个典型案例。而知识与技术的不断进步带来的创新机遇主要表现在 21 世纪后各大连锁酒店集团运用现代互联网技术使酒店大规模个性化服务的提供成为可能，万豪、希尔顿、喜达屋、洲际等诸多酒店集团在这方面均已迈出重要步伐。

目前，在体验经济时代，消费者更加注重个性满足和体验，需要酒店产品和服务在观念上进行创新。由于体验经济的本质是强调满足个人心灵与情感需要，体验经济中消费者在选择产品时，已不再单纯地只注重传统的功能性的满足，而是更注重产品带给个人的美好的心理体验，并乐意为此付出更高的代价。在传统经济模式下，酒店产品和服务强调满足顾客功能性的需求[①]。在体验经济时代，这一观念需要转变，酒店创造价值的特点应当像迪斯尼乐园那样，以设施、设备与环境为道具和舞台，以员工的接待、服务与娱乐活动的介绍及表演为节目，使顾客融入其中，充满着感性的力量，给顾客以愉悦的入住体验。

酒店作为实践体验经营的最佳场所，如果能够以创造或者提供这种美好的感觉作为着眼点，一定可以带给顾客"满意加惊喜"的体验，进而提升顾客满意度和忠诚度。

（二）酒店产品和服务创新管理的实施

目前，我国很多酒店对行业经营特点的认识仍停留在服务经济水平上，即停留在帮顾客解决一般的用餐、会议，住宿等服务问题上。而事实告诉我们，这样是不行的，现代酒店管理必须要上升到体验经济的高度，即以突出为顾客创造美好的入住体验和感受来对酒店产品与服务进行管理。

1. 突出个性化的温情服务和顾客关爱

酒店应该通过个性化的温情服务和顾客关爱来增加顾客的归属感。一旦酒店个性化的温情服务和顾客关爱成为特色，就能吸引更多潜在顾客，提高酒店的收益。此外，这种个性化的温情服务和顾客关爱较难复制，能够帮助酒店形成较为稳定、持久的竞争力[②]。泰国曼谷东方大酒店将个性化的温情服务和顾客关爱很好地融入员工对客服务行为中，如大

---

① 马继刚，李雪松，刘芳著：《酒店管理》，中国旅游出版社 2016 年版。
② 许朝辉著：《酒店服务创新策略探析》，载《中国商论》2018 年第 17 期，第 138–139 页。

堂经理在大堂里来回走动时，看到门口有车就会主动出来为顾客拉车门，这一出乎客人意料的微小举动，使得客人更有身份尊贵和亲切的感觉。

2. 以顾客需求为中心设计产品与服务

酒店应围绕顾客需求设计酒店产品和服务，以增加顾客消费过程的体验性。酒店产品和服务的创新要以顾客的需求为基础，特别要关注"顾客资料库"中 20% 忠实客户群体的需求，因为这部分忠实客户大多是某一行业的成功人士，重复购买力强，且他们对于酒店的评价和选择往往能对其周围许多人产生影响。所以酒店在设计产品和服务时，应以忠诚顾客的需求为中心，通过向他们提供超值和可供选择的服务与之建立长期的紧密性关系，使老顾客不断感受到新的服务和新的变化，进一步提升他们对酒店的忠诚度。

另外，酒店还应学会根据消费者需求的变化及时调整产品和服务。如中国第一家本土五星级度假酒店三亚凯莱度假酒店，自开业之初就强调酒店应针对顾客需求对产品和服务不断进行创新和调整，以提升顾客的入住体验。顾客在凯莱酒店能感受到无微不至的服务，如酒店考虑到度假客人通常都会带孩子入住酒店，所以酒店的所有家具都没有棱角；凯莱酒店套房卫生间专门配置两个马桶，一大一小，分别供大人和小孩使用。如此个性化、体贴的服务，为凯莱度假酒店赢得了很好的声誉，也提升了顾客的体验价值及其对酒店的品牌忠诚度。

3. 充分重视高科技的运用

酒店应重视高科技在酒店产品和服务中的运用。一些国际一流连锁酒店集团通过高科技技术的运用为顾客提供极致个性化和定制化的贴心服务。如服务人员查房时发现淋浴房的花洒被顾客调慢，便会将这一细节存入客户云端系统，当这位客人再次入住时，工程部和客房部就会事先将花洒调至客人惯用的状态；又如某位顾客偏爱某一个尺寸的枕头，酒店可以通过数据库进行记录，下次该顾客入住时，酒店可以提前为顾客进行安排，让顾客感觉到温馨。

当然，酒店产品和服务的创新不能强加于人，要给客人提供多种选择的余地，并尊重客人的选择。传统酒店可以根据上述几方面来实施产品和服务的创新。而对一些主题或者精品酒店而言，上述措施就不足以使目标顾客"满意加惊喜"，还需要在传统酒店的产品和服务标准的基础上增加更多的主题和特色因素。

二、酒店营销创新

在体验经济时代，消费者不仅重视产品和服务，更渴望获得产品依附的无形物质和文化效应所带来的体验，这就需要酒店将外部营销与内部营销统一起来。

（一）　适时进行体验营销

酒店在面对日益挑剔的顾客时，可以通过延伸和拉长服务链条，提高服务附加值的比例，加强酒店产品的体验性，创造令人愉悦的环境氛围，使顾客在酒店的消费经历成为一种难忘的体验，这就是酒店体验营销的核心。

1. 酒店体验营销的内涵

体验通常是由人们对事件的直接观察或者参与造成的，是一个人达到心理或者精神的某一特定水平时意识中所产生的美好的感觉和感受。一次美好的入住体验会长存于消费者心中，会成为消费者难以忘怀的记忆。

酒店的体验营销就是指酒店以服务为舞台，以商品为道具，为消费者创造出值得回忆的活动。传统营销带给顾客的是单纯的住宿或者用餐等功能性需求的感受，而体验营销则是一种独特的个性化需求被满足的主观享受。酒店可以从感官、情感、思考等方面去为顾客营造体验的意境，达到进一步吸引和留住客人的目的。

2. 酒店体验营销的特征

（1）强调高度的顾客参与性。体验营销以拉近酒店和顾客之间的距离为重要经营手段，以一种让顾客感到更加亲近、更易感知、更具互动性并更具情感的形式来提供产品和服务，强调顾客和员工的互动体验，从而丰富酒店服务和产品的内涵。因此，酒店进行体验营销的重点应在于为顾客创造和提供直接参与或者选择的空间，尽量让每一位顾客都参与并融入其中①。

（2）重视体现主题的设计。注意为每一个体验活动创造或设计一个体验主题。酒店要提供的顾客体验对顾客必须有价值并且与众不同，这可以通过对不同体验主题的设计来实现。但是需要注意的是，由于不同国家和地区的顾客有着不同的风俗习惯和文化理念，价值观念和价值评判标准也不同，评价的结果会存在一定差异。因此，酒店体验营销活动的安排要适应当地市场的风土人情，迎合主要客源的需求，既富有新意，又符合常理。如杭州雷迪森龙井庄园作为杭州首家精品酒店，坐落在西子湖畔深处一个毫不起眼的村庄里。这座以茶文化为主题的酒店被绿色的茶园包围着，随处可闻到浓浓的茶香。庄园内有五亩狮峰龙井茶园，住客可以观赏、采摘龙井，可以在古筝伴乐下细细品味龙井，品味生活，享受"大隐隐于市"的意境。

（3）关注体验的个性化。体验营销更注重顾客在消费过程中体验的个性化。酒店顾客

---

① 李静静著：《体验经济背景下酒店营销策略创新》，载《河北农机》2018年第11期，第28页。

日益成熟和挑剔，入住经验越来越丰富，消费需求越来越个性化，越来越倾向于享受定制化的、别具一格的酒店产品和服务，所以酒店在营销过程中应当注意营造环境和氛围，在提供产品和服务时应具备一定的独特体验。顾客在购买和消费过程中为了获得"体验感觉"往往不惜花费较多的代价。

3. 酒店体验营销的内容

（1）感官体验营销。感官体验营销是指酒店把产品和服务等通过视觉、听觉、触觉与嗅觉来传递给顾客，试图让顾客获得良好的感官上的体验。酒店要有意识地营造一种和谐、温馨、浪漫和富有特色的氛围，使客人受到心灵的触动和感染。这种氛围的营造可以通过温暖或明亮的色彩使用、明快或者富有特色的装修和装饰、舒缓或轻柔的音乐和气味等来实现。如喜达屋酒店集团推行"香气战略"，通过旗下酒店大堂散布的香气来加深顾客对酒店的印象，传递酒店优雅、轻松的生活气息，让顾客感受到酒店细致入微、温情关怀的特点，提升了顾客的满意度。

（2）情感体验营销。在当代的社会文化状况下，人们从消费中所寻求和获得的体验具有审美和情感这两个核心要素，酒店消费也是如此。情感体验营销强调酒店在营销过程中要触动消费者的内心情感，创造情感体验，如引发消费者欢乐、自豪，甚至是其他强烈的激动情绪。情感营销需要酒店服务人员深入研究顾客的情感反应模式，真正了解不同刺激可以引起何种情绪，以及能使顾客自然地受到感染并融入这种情景中来的方法。情感体验营销是一种更为人性化的营销方式，是真正从顾客的内心感受出发、细心体察与呵护顾客情感的一种营销手段。

（3）文化体验营销。虽然酒店产品与服务易于模仿，但酒店文化的效仿却非常困难。因此如何进行文化体验营销，为酒店营造一种竞争对手难以模仿的文化氛围和体验是值得探讨的问题。一般来讲，酒店可以利用一种传统文化或一种现代文化，创造出本酒店的文化氛围，从而有效地影响顾客对酒店的心理印象。酒店产品和服务如果能够凝聚丰富的文化内涵，或者代表某种文化趋势，就能使得酒店在某一个特定的子市场获得顾客肯定。所以酒店要充分考虑顾客的文化消费心理，营造酒店的文明水平、文化特色和氛围，使客人对酒店印象深刻，难以忘怀。

（二）重视内部营销

1. 酒店内部营销的内涵

内部营销理论形成于20世纪80年代，越来越多的服务企业意识到员工在企业发展中的重要性，开始有意识地把员工视作内部市场，并认为只有满意的员工才能产生满意的客户，要想赢得客户满意，首先要让员工满意。因此，满意的员工产生满意的客户是内部营销的基本前提。服务产品的外部营销行动在推向市场之前必须先在员工中间开展内部营销，酒店也是如此。由全体员工构成的内部市场应该首先受到重视，否则酒店的外部营销活动将会受挫。

酒店内部营销是指酒店必须有效地培训和激励直接和间接为顾客服务的内部员工，通过吸引，保留和激励员工来强化员工的服务理念和客户意识，使其通力合作以提高酒店外部顾客的满意度，从而获得竞争优势。世界上最成功的酒店集团之一——美国马里奥特酒店集团的成功经验充分体现了酒店内部营销的重要性。马里奥特酒店集团的创始人马里奥特先生认为，如果员工热爱他们的工作，并以在马里奥特酒店工作为骄傲，他们就会很好地为顾客服务，顾客满意度会因此有所提高，满意的顾客会经常光顾马里奥特酒店，由此产生更好的服务和更多的回头客。因此，内部营销是外部营销成功的先决条件，只有通过内、外营销策略的整合，酒店的服务才能协调一致，从而产生积极的效益。

一个高素质的员工可以弥补酒店由于硬件设施和设备不足使顾客产生的缺憾感，而一个素质较差的员工不但不能充分发挥酒店拥有的硬件设施设备的优势，还会成为顾客拒绝再次光顾酒店的主要原因。如何培训员工及激励员工更好地为顾客服务是酒店内部营销的根本和积极作用所在。持续不断的内部营销是一个不断与员工分享信息，并认可其贡献的过程，是创建一流酒店的基石，也是构建健康企业文化的基础。

2. 酒店内部营销的两个层次

（1）战略层面。酒店内部营销的战略层面是指在酒店制度设计上要有利于内部营销的开展。具体来讲，酒店要通过制定科学的管理方法、升降有序的人事政策、有竞争力的薪酬福利水平、人性化的酒店文化和理念，创造出一种和谐、公平、开放透明的良好内部环境，在使员工满意的基础上激发其主动为顾客服务的热情和意识。"卓越的酒店源自卓越的员工，而非绚丽的水晶吊灯或昂贵的地毯。"香格里拉酒店集团坚决秉承这一理念，力图在集团内部营造出和谐的工作环境，使员工能够达成他们的个人和职业目标，实现员工满意，从而留住人才。

（2）战术层面。酒店内部营销的战术层面是指对内部营销的具体贯彻实施。通过定期或不定期的培训、全员沟通会议、户外拓展运动、内部尝试等方式来向员工推销酒店最新的产品和服务以及经营动态，帮助员工明确酒店的未来发展方向，使员工具有一种充满人性的、高雅的艺术表演家的服务精神，让"顾客至上"的观念真正深入每一个员工的内心，增强其工作参与度和热情，提高责任感。通过有效内部营销培养出来的忠诚员工是一种比一流的原材料、技术和产品本身更重要的稀缺资源。

　　不能否认的是，酒店管理者与一线员工是客房、餐饮、会议与健身等服务和产品的提供者，更是顾客所有美好感觉和体验的策划者与创造者。为顾客不断创造超越预期的美好感受的关键就是要坚持体验营销的服务理念，通过培育忠诚的员工来向顾客传递优质的服务。

　　传统的营销理论与实践都趋向于关注企业外部的客户和市场，强调吸引和留住客户以获取利益。但这种建立在客户满意基础上的顾客吸引和维系，同时也依赖于企业内部因素的协同与配合。因此在有限的资源投入下，如何使营销措施发挥出更好的效率与效益，为酒店创造更大的竞争优势，内部营销理论无疑提供了新的视角。

参考文献

[1] 李伟清. 酒店运营管理［M］. 重庆：重庆大学出版社，2018.

[2] 谷慧敏，秦宇，冉小峰. 酒店企业运营与管理的探索和实践［M］. 北京：旅游教育出版社，2018.

[3] 栗书河，孙炳武. 餐饮运营管理［M］. 北京：中国轻工业出版社，2017.

[4] 张树坤，曹艳芬. 酒店餐饮部运营与管理［M］. 重庆：重庆大学出版社，2014.

[5] 罗东霞. 酒店运营管理［M］. 北京：中国旅游出版社，2020.

[6] 邓爱民，李明龙. 酒店运营管理［M］. 北京：高等教育出版社，2019.

[7] 姜红. 酒店运营管理［M］. 武汉：华中科学技术大学出版社，2020.

[8] 唐凡茗. 酒店运营管理及实证研究［M］. 北京：九州出版社，2018.

[9] 邓爱民，张若琳. 酒店管理［M］. 北京：中国旅游出版社，2017.

[10] 马继刚，李雪松，刘芳. 酒店管理［M］. 北京：中国旅游出版社，2016.

[11] 傅生生. 酒店管理［M］. 上海：上海交通大学出版社，2011.

[12] 张微. 酒店管理［M］. 长春：吉林出版集团有限责任公司，2009.

[13] 严斌全. 酒店管理［M］. 广州：广东高等教育出版社，1989.

[14] 田彩云，黄丽丽. 酒店管理案例分析［M］. 北京：经济日报出版社，2018.

[15] 周亚，李玲，谭丹. 酒店管理概论［M］. 西安：西安交通大学出版社，2018.

[16] 马勇. 酒店管理概论［M］. 重庆：重庆大学出版社，2017.

[17] 韩军，陈弘，李海英. 酒店管理概论［M］. 武汉：华中科技大学出版社，2017.

[18] 陈文生. 酒店管理经典案例［M］. 福州：福建人民出版社，2017.

[19] 唐秀丽. 现代酒店管理概论［M］. 第2版. 重庆：重庆大学出版社，2018.

[20] 栗书河，王星. 酒店管理基础技能［M］. 北京：中国轻工业出版社，2016.

[21] 蒋晓东. 现代酒店管理与服务创新研究［M］. 长春：吉林人民出版社，2019.

[22] 韩鹏，张秀玲. 酒店管理实践教程［M］. 武汉：华中科技大学出版社，2016.

[23] 李瑞华. 酒店管理软实力［M］. 武汉：武汉大学出版社，2015.

[24] 苏枫. 酒店管理概论［M］. 重庆：重庆大学出版社，2015.

［25］白云章. 酒店管理实用教程［M］. 太原：山西科学技术出版社，2015.

［26］钟志平，谌文，刘智. 酒店管理案例研究［M］. 重庆：重庆大学出版社，2015.

［27］潘怡，米雨，姚洪英. 新时代下的旅游实训与酒店管理［M］. 北京：光明日报出版社，2017.

［28］都大明. 现代酒店管理［M］. 上海：复旦大学出版社，2014.

［29］演克武，何涛，陈晓雪等. 酒店管理与盈利模式［M］. 北京：北京交通大学出版社，2014.

［30］唐健雄. "四能驱动六导向"复合型酒店应用人才培养模式研究［M］. 北京：中国旅游出版社，2019.